世界で活用されている障害者や高齢者のための環境設定法

スウェーデンのスヌーズレン

河本佳子

新評論

2

4

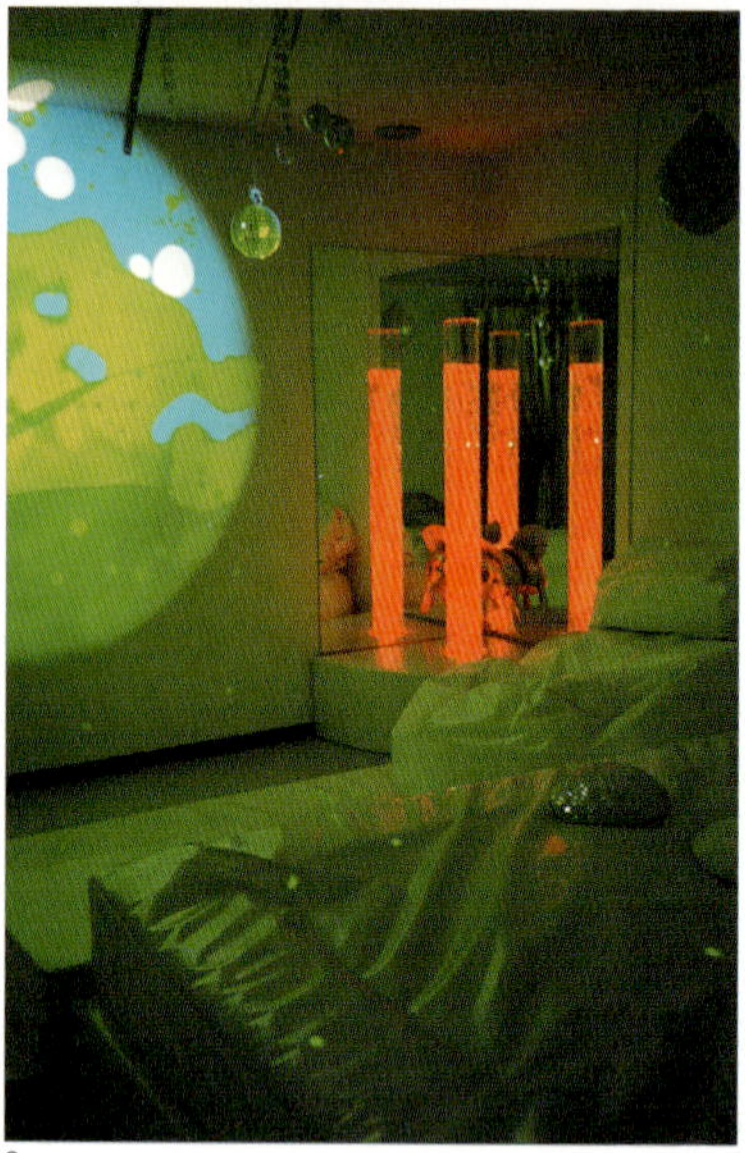
3

6

5

7

8

9

1, 2, 3　リラックスするにはホワイトルーム。ストレスが解消されれば周囲から与えられる刺激に対しても反応が豊かになり、感覚機能が鋭くなる。

4, 5, 6　障害児自身が自主的に活動したくなるアクティヴィティル　ム。ボールプールの周りには、様々な仕掛けが施されている。

7　手製のサボテンには豆電球が散りばめられている。隣のライトは声を出すと点滅。

8　クモやタコの足に様々な物を入れて感触を楽しむ。

9　羊水の中にいるような安心感が得られるジャグジー風呂。

10

11

13

12

14

10, 11　部屋のちょっとしたコーナーを利用するだけでもスヌーズレンはつくれる。

12　弱視の人にもはっきりと。白と黒の布でオモチャをつくる。

13, 14　誰でもつくれる様々な感覚を刺激する壁。

はじめに

今、スウェーデンでは、さまざまな障害者施設、デイケアセンター、そして病院などで「スヌーズレン」ブームが起きている。ブームといっても、どうやらこれは一時的なもので終わってしまう感じがしない。というのは、このスヌーズレンはより一層のパワーをもってスウェーデン全土に広がり続けているからだ。いや、スウェーデンだけではない。北欧諸国、ヨーロッパ全土、世界各国に上陸して、一種のスヌーズレン旋風を巻き起こしている。すでに日本にも上陸しており、人から人へとスヌーズレンは伝わり、多くの人々に期待されると同時に多大なる希望を関係方面に与えている。

さて、「スヌーズレン」という耳慣れない言葉から、読者の方はどういうものを想像されるのであろうか。スヌーズレンは、流行のオモチャでも怪物でもない。スヌーズレンを端的に説明すれば、「人間のもつすべての基本感覚を刺激し、統合させ、機能させるための環境設定法」だといえるだろう。もう少し詳しく説明すれば、人間が生まれもつ基本的な能力、すなわち、視覚、聴覚、触覚、嗅覚、味覚、それらとともに携わる運動感覚や認知感覚を鋭敏にするために、いろいろな方法によって設定した環境で適度の刺激を与える空間。また、受け取る側は、それら一つ一つを楽しみながら感知し、体感し、学習し、自分のペースで自分にあった刺激を自発的に選択して受け入れ、自然な形で感覚を磨いていく空間、これを「スヌーズレン」という。

大自然の代用として人工的につくられた環境だが、いろいろな仕掛けがあり、この部屋へ一歩入ると全感覚が集中させられ、さまざまな刺激を受けてそれに反応することでいろいろな擬似体験ができるようになっている。さらにそのうえに、気持ちのよいゆったりとした癒しの雰囲気を体感することができる。環境音楽が流れてリラックスできる部屋、活力を得る部屋、遊び心がそそられる部屋、魅惑の部屋、神秘的な部屋など、どの部屋でもすべての感覚が自然な形で受け入れられるように工夫がされている。では、これらの環境が設置されている部屋をなぜ「スヌーズレン」と呼ぶのだろうか。その背景について述べる前に、自然に身に着く感覚を、なぜこのような形で環境設定までして刺激を与える必要があるのかを述べたい。

健康な人間ならば、もって生まれた感覚は特別なことをしなくても自然に身に着いていく。赤ちゃんは、母親の乳のにおいを嗅ぎ、目の前にぶら下がるオルゴールの音を聞き、回転するモビールに興味を示し、それを目で追ってオモチャに触る。歩き出せば、地面が平らではなくゴロゴロしていることを体感し、走ればそのスピード感を感じ、階段から飛び下りれば重力を感知する。ただ「生きている」、そして「動いている」ということだけでほとんどの人が身の周りのすべてのことを体感し、その体感した感覚の情報を自然に受容処理して自分のものとして活用できるように成長していく。しかし、何らかの障害をもって生まれた人、病気や事故後の後遺症がある人、痴呆老人といわれている人のようにある感覚が欠落した人は、普通の生活を営むだけではそれが身に着かない。また、何もしないでそのまま放置しておけば、逆に退行してしまうということになる。そのため、周りの者がその欠落した部分を何らかの形で補ってあげる必要が出てくる。身体的障害のある人は、現在では数々の補助機具などがつくられ、生活環境もバリアフリー化が進んでかつてより生活がしやすくなっている（とくに、スウェーデンでは）。しかし、これらのように目で判断できる援助に比べて目には見えない部分、つまり感覚欠如に対する援助はまだほとんどの人が足を踏み入れていない未知なる世界である。そして、それがゆえにスヌーズレンという感覚援助の方法が生まれたわけである。

スヌーズレンは、もちろん、過労気味の健常者が日常のストレスなどを癒すために利用してもよい。でも、そういう人たちは、特別な環境を与えられなくても自らストレスを解消する方法を見いだしていくことができる。読書、旅行、映画鑑賞、テレビゲーム、ジョギングなどのスポーツ、そして森の中での散歩など、ストレスを発散できる場所や方法、つまり自分だけのスヌーズレンをいくつもつくっていくことができる。しかし、知的・身体障害者たちや痴呆老人たちは、それらを自ら見いだす術《すべ》を知らない。また、仮に知っていても、周りの人の助力なしではそれを実行することができないのだ。

本書でこれから紹介するスヌーズレンは、これらの環境を自らつくりだせない人たちのために、周囲にいる人たちの援助によって人工的につくられる空間のことである。「センター」と呼べる大規模なものから部屋のコーナー部分を利用した小さなもの、そしてスヌーズレンのコンセプトに基づいてつくられた簡単なオモチャ、また日常生活において何気なく使っている身近な物を利用してできるものまでを紹介していきたい。

スウェーデンでは、雨後のたけのこのようにあちらこちらでさまざまなスヌーズレンがつくられ、多くの人々に利用されている。マルメのサフィーレン（Safiren）デイケアセンター、ルンドのニンブスガーデン（Nimbusgården）自閉症リソースセンター、クリスチャンスタッドのスクルプチューレン（Skulpturen）デイセンター、モーラのセッベンボ（Säbbenbo）デイセンター、ストックホルムのミバ（MIVA）デイセンター、コラーレン（korallen）＆ラグーネン（lagunen）デイセンター、バルデスヒュース（Baldershus）特別訓練学校、ゲーテボルイのエルドラド（Eldorado）デイケアセンター、リーンショーピングのヘンデルセリーケ（Händelserike）デイセンター、オーレブルのシンネナスヒュース（Sinnenashus）デイセンター、これらはスヌーズレンセンターの中でも大きなところだが、それ以外にも学校、保育園、グループホーム、そして個人自宅に至るまで、数え上げるときりがないほどある。それほどに、スヌーズレンはたくさんの人々に親しまれて愛用されている。

これらの中には、きっと日本でも活用できるものがたくさんあるにちがいない。そして、これらスヌーズレンは、その発祥の地オランダにおいて当初対象にされていた知的障害者だけではなく、身体障害者、重度重複障害者、精神障害者、痴呆症者、高齢者、慢性の痛感症者、そして健康な小中学生に至るまで現在では利用されている。

三刷にあたって

本書を著してから、すでに九年が過ぎようとしている。現在でも、スヌーズレンはスウェーデンで根強く健在しており、まだまだ広がりを見せている。

私は、二〇一二年三月にマルメ大学総合病院内にあるハビリテーリングセンターを退職して、高齢となった母の介護のために日本に帰国した。介護の傍ら、現在、個人で医療福祉コンサルタントとして活動をしている。医療福祉に携わる人々や障害を抱えた人々、またその家族に直接お会いしたり、インターネットを通じてリハビリのプランを立てたりと、多方面にわたって助言できることを嬉しく思っている。それ以外にも、スヌーズレンを創設したい人々に対して、環境セッティングへの意味や目的を説明したり、ときにはその施設にあったスヌーズレンのインテリアデザインなども手掛けている。

改めて、スウェーデンという国でスヌーズレンという空間を大切にする環境を創造することができたこと、そしてその経験を、生まれ育った日本という国で生かすことができることを嬉しく思っている。本書を読んでくださり、スヌーズレンをセッティングしたいと思う方々（施設）が増えることを願うともに、日本での作業療法士の地位が少しでも向上するように手助けをしていきたい。

二〇一二年四月

河本佳子

もくじ

スウェーデンのスヌーズレン

第1章

スヌーズレンの歴史とその背景

ホワイトルーム

スヌーズレンの背景

「スヌーズレン（Snoezelen）」、これはもともとオランダ語の合成語で、香りを嗅ぐ「スヌーフェレン（Schnüffelen）」という言葉と、ウトウトとする惰眠状態を示す「ドーゼレン（Döselen）」という言葉が一つになってできたものである。香りを嗅ぐというのは「能動性」も意味し、一方の惰眠状態は「受動性」を意味している。つまり、自らが「積極的に受け入れる」という行為を意味している。スウェーデン語の発音では「スヌーセレン」というが、現在、日本では英語読みが公式となって「スヌーズレン」としている。

『Jan Hulsegge, AD Verheul, Snoezelen another world（スヌーズレンは別世界）』（ROMPA社、一九八七年）という本を読めば、その歴史的背景が分かる。簡単に要約して紹介すると、スヌーズレンという環境設定法の根源は、すでに一九六六年にアメリカのクリーランド（C. G. Cleland）とクラーク（C. M. Clark）という人が、その著書の中で「感覚の喫茶店（Sensory Cafeteria）」という形で発表していた。喫茶店に入れば、自らが望みとする美味しいものが手に入り、これによって身体を潤すことができるというところが発想の根源となっている。

当時、すでに知的障害者の身体的ケアは、住居、食事、衛生面、日常の作業活動などの面においてある程度配慮されていたといいえる。しかし、知的障害者が一人の人間として精神的に潤いのある生活を追求することや、もちうる能力をさらに発達させる教育やその可能性についてはまだ未発達の状態であった。知的障害者施設のスタッフたちは、最低限の教育と数々の日常の行事に忙殺されていたことだろう。しかし、それでも常にもっとゆとりのある、より良い教育方法はないものかと環境改善に取り組む努力は旺盛で、世界の至る所でさまざまな試行錯誤が繰り返されてきた。

スヌーズレンという実験が最初に始まったのは、一九七〇年代の半ばごろ、オランダ南部の町ティルブルグ（Tillburg）の知的障害者センターであった。近代的な機器のおかげで日常生活の介護に多少余裕が出てきたスタッフとアド・フェルフール（Ad・Verheul）氏は、「人間は、根本的にある程度外界からの刺激を体感することが必要で、それによって成長および発達が促進される能力の進歩が見られる」と考え、適度の日常的刺激を施す方法をいろいろと探索していた。そして、どのような刺激が教育には必要で、どうすれば子どもたちが楽しく成長でき、彼らの知的発達を促進することができるのだろうかと日々あれこれ頭を悩ませていた。

また、毎日の訓練がどこまで消化しきれているのかと疑問に思っても重度重複障害児の無表情の顔からはその答えが得られない、感覚認知ができていても発語がないためにそれらを言葉で表現することができない、訓練のために利用しているオモチャにしても障害児にとって何らかの意味をもっているのであろうかと、それぞれのことについてスタッフたちは知りたがった。それだけでなく、教育訓練をしていること自体が何らかの意義をもっているのだということを確信をしたかった。せめて、子どもたちの表情が変化することによってスタッフとのコミュニケーションがとれないものかと苦悩する日々の連続であった。

ある日、スタッフの一人が「感覚の喫茶店」とまではいかないが、さまざまな体験活動ができる環境を設置してみてはどうかと考え、触れると音が出るオモチャや風船をぶら下げたりした仮設テントを実験的につくってみた。すると、意外にもそれが子どもたちの間で人気となり、そこで受ける刺激に対していろんな反応が返ってきた。それまで身の周りのものに特別興味を示めさなかった子どもたちが初めて興味を示し、あてなく空中を泳がせていた視線が同じオモチャのところで何度も止まり、明らかに興味をもったという穏やかな表情が現れ、言葉にならない一つの言葉が出てきた。それはまさしく、今、コミュニケーションの第一歩が始まろうとする瞬間であった。それからは、徐々にだが重度の知的障害者たちが周りのものに興味を示すようになり、微々たる変化ではあったが環境を認知し学習していくという明らかな成果が生まれてきた。

そして、一九七八年、同じように模索していたデ・ハーテンバーグセンター（De Hartenberg）と協力して、その年の夏に開かれた展示会で仮設のスヌーズレンを創設して披露してみた。たくさんの風船や細切れの紙を置いて吹けば飛ぶようになっているコーナー、柔らかいクッションのあるコーナー、音の出るオモチャを隠しているコーナー、水の中にインクを落として複雑な模様をつくり、それに光をあてると壁全体に模様が浮き出るコーナー、また廊下には、聴覚を刺激するさまざまな音響効果のあるヘッドフォンやスピーカーを並べたり、辛さと甘さが区別できるものを入れた皿をテーブルに置いたり、ハーブや石鹸を器に入れて嗅覚を刺激するテーブルなども設置した。そして、天井からは身体に触れる布やオモチャをぶらさげ、床には砂や砂利をまいて五感すべての感覚を刺激するような工夫がなされた。これらすべてのものは知的障害者の好奇心をくすぐることとなり、触ったり、吹いたりすることによって周囲のものが変化するということが分かり、それに興味を覚えてまた繰り返し触るという行為となっていった。つまり、自分のもち得る能力の範囲で楽しむという行動が生まれたのだ。

これらのスヌーズレンでは、知的障害者たちが新しく得た感触を自分のレベルとペースに合わせて体感していくことができ、そのうえ、スタッフの工夫しだいではさまざまな可能性が生まれてくることを期待させた。新たな感触を得て驚いたのは知的障害者だけではなかった。その家族の人たちや周囲の人たちが、特定のオモチャに反応する子どもたちの表情に驚き、ある刺激に対して特定の反応を示し、その表情や変化を理解することによって初めて子どもの意志をくみ取ることができたのだ。

この展示会は大成功のもとに終わり、後日、知的障害者への新しいアプローチ方法としてその成果をリポートし、学会で発表することとなった。もちろん、この発表会でも大賛辞を受け、オランダ国内だけでなく隣国のベルギーからもスヌーズレンについてもっと知りたいという人が殺到し、知的障害者に対する教育方法を渇望していた全世界の人々に砂漠の中のオアシスのような潤いを与えることとなった。そして、当然のごとくすぐさま広まっていった。それほど、暗夜に一筋の光明を与えたスヌーズレンは、知的障害者への新しいアプローチ方法として全世界が待ち望んでいたものだった。

しかし、展示会に展示されたものがそっくりそのまま利用されたわけではない。それから多くの実験を繰り返し、「スヌーズレンセンター」として本格的な施設が完成したのは六年後の一九八四年だった。待ちこがれたスヌーズレンではあったが、部屋が小さすぎる、使用したオモチャの質が悪い、使用する機器の安全性に欠けるなどトラブルが山積みとなり、乗り越えていくべき課題の多さにスタッフたちは圧倒されることとなった。しかし、このときの経験はスタッフをより向上させるきっかけとなり、日々自由に実験を繰り返していく必要性があるということを学んだ。つまり、完成されたスヌーズレンなどはないということを知ったわけである。

先にも述べたように、一九八〇年の後半にはスヌーズレンの利用対象者は知的障害者だけでなく重度重複障害者や精神障害者などに至るまでの広範囲なものとなり、それだけにさまざまな実験がより多く繰り返されるようになった。毎日のスヌーズレンへの訪問によって、彼らの日常生活にいくばくかの変化を与えたことはいうまでもないし、小さな刺激の蓄積が痴呆症の症状を緩和させることもヘルパーや家族の証言から分かってきた。

（このような経緯のもと、二〇〇二年一〇月、ベルリンにあるフンボルト大学において「世界スヌーズレン協会（World Snoezelen Association）」も設立され、現在では世界に向けてスヌーズレンの必要性を訴えている。）

スウェーデンのスヌーズレンの背景

スウェーデンではどうかというと、一九八二年に知的障害者に対する新しい教育方法を探求することを目的として「社会庁（Socialstyrelse）」の主導のもとに調査・研究グループがつくられた。この背景、内容に関してはここの研究グループの一員でもあったアンマリー・ショースヴェード（Ann-Marie Sjösvärd）女史が『Sinnenas Gym（感覚の体操）』という著書を一九九三年に私家版として著しているので、以下において、それを参考にしながら紹介していくことにする。

この研究グループのテーマは、主に成人の重度知的障害者の日常活動をいかに充実したものにするかというものであった。この研究グループがまず最初にぶつかった問題は、何を基準として「重度」とするかということだった。これまでは、それぞれの専門職によって知的障害の定義や基準がバラバラであったのだが、かなりの時間をかけて彼らはそれを統一することにした。さらに、研究や議論を重ねていくことによって、知的障害者に対してより良い取り組みをしていくためにも何らかの形で彼らが活動できるセンターを所々に設置することができれば、と考えるようになっていった。

すでに障害者を収容する養護施設はたくさんあったが、施設ではない活動センターをつくるためにこの研究グループは設立されたわけだから、いったいどうすれば活動のもつ主旨や研究成果を知的障害者の日常生活に取り入れることができるのかということが問題になった。

研究グループは、再び壁にぶつかってしまった。当初、彼らが考えていたことは、知的障害者が「できないことをできるようにさせる」ということだった。しかし、本当に必要なのは、知的障害者が「できることをする」、それが新しくつくる「活動センター」の重要なポイントになるのではないだろうかというように考え方が変わり、それに基づいて研究のプロセスも大きく変化していった。

のちに、第5章の「Q&A」（一七四ページ）のところでも記述するが、よく周囲の者は「良かれと思って何々をさせる」ということがある。これがいけない。〝楽しみがそこにあれば誰でも喜んでする〟という考えのもとに、その動機を誘発するような環境設定をする方がよい。それが活動センターの目標であり、またスヌーズレンの目標にもなるのだ。

「できないことをいつまでも考えていたのでは解決を見ない。もっとも重要なことは、知的障害者本人が何ができるかである」と、アンマリーは指摘している。

アンマリーが、スヌーズレンの考え方に共鳴してそれを取り入れてプロジェクトを組んだのは一九八七年である。そして、リーンショーピング（Linköping）に「ヘンデルセリーケ（Händelserike）」というデイセンターを一九八八年に創設した。「ヘンデルセリーケ」とは「ハプニングランド」、つまり「変化万変の国」という意味である。センターができて、初めて利用者が入ったのは一九八九年の秋であった。スウェーデン初のスヌーズレンである。ここから、知的障害者だけではなく重度重複障害者に対する新しい取り組みの方法として、スウェーデン全土に大きなインスピレーションを与えることとなった。

私も一九九〇年に「スヌーズレン」という聞き慣れない言葉を初めて聞き、その後、デンマークのシルケボルイ（Silkeborg）にある「ソールボ（Solbo）」という施設で撮影されたビデオを見せてもらった。一九八九年に創立されたというソールボは、スウェーデンの場合とほぼ同じ経過のもとにつくられている。重度重複障害者の人たちが、白い部屋の淡い光の中で寝転がってこのうえなく満足している様子や穏やかな表情が画面いっぱいに映し出されていた。これを見たとき、ある種の感慨と衝撃を受けた。

しかし、当然のごとく、私の中でスヌーズレンのことをすべて理解したといえるレベルではなかった。ただ、間違いなく言えることは、私にとってのスヌーズレンづくりの第一歩であったということである。

イギリスのスヌーズレン

スヌーズレンを世界的に広めるきっかけとなったのは、先にも述べたようにオランダのデ・ハーテンバーグセンターでの展示会であったが、イギリスの臨床心理学者ロジャー・ハッチンソン（Roger Hutchinson）と作業療法士のジョー・キューウィン（Joe Kewin）の貢献も大きい。彼らは一九八八年の段階で、重度重複障害をもつ人々のためにレジャーやレクリエーションの場所を造ろうと計画を立てていた。すでにオランダ各地につくられ始めたスヌーズレンを研究し、これを推進するにあたって「人間の基本的な欲望は楽しむことにある」という結論を出していた。そして、一九九〇年にチェスターフィールド（Chesterfield）にあるウィッティングトンホール病院（Whittington Hall Hospital）にイギリス初のスヌーズレンをつくってオープンしたのだ。彼らが出版した『Sensations & Disability（感覚と障害）』（ROMPA社、一九九四年）という本にもその利用状況が記されており、スヌーズレンの定義をより明確にしている。

ちなみに、ここでは心理的な影響を受け

アッシュ・グリーンセンターの感覚を刺激する庭

やすい精神障害者へのアプローチも幅広く行われた。そして彼らは、多くの努力により障害児の家族からの理解だけでなく、自治体からの経済的援助までも勝ち取ることができた。また彼らは、スヌーズレンの必要性を訴えるために講習会を何度も開いてその普及にも努めた。私も、チェスターフィールドまで行ってその講習会に参加したことがある。

現在イギリスでは、重度重複障害者たちが憩える場所として、オランダをしのぐ七〇〇ヶ所にも上る大小のスヌーズレンが創設されており、さらに増加しつつある。そして一九九五年には、キューウィン氏を所長としてマンチェスター近くのアッシュ・グリーン（Ash Green）に、それまでのような施設内だけではなく、広大な庭に感覚を刺激する舗装道路を造ったり、植木を連ねて迷路を造り、手で触れるオブジェ、タイルモザイクの壁などさまざまな工夫を凝らした大掛かりなスヌーズレンセンターを創設し、世界の各方面から多大な注目を浴びている。ほとんど毎日のように世界各国から視察の依頼があり、関係スタッフはその処理に追われているとのことである。また、一九九七年には、最初の国際スヌーズレン大会がここで開かれている。

ハビリテーリングセンター（マルメ）での苦悩

一九九三年、私は作業療法士として、外科病棟から〇歳から二〇歳までの乳幼児青少年を対象にした「ハビリテーリングセンター」に赴任してきた。ここはマルメ大学総合病院の一角にあるいわゆるリハビリセンターで、マルメ近郊に住むすべての障害者を対象にしている。市内唯一のセンターだが入院制度はなく、すべて外来で受け付けるか、あるいは自宅や学校を訪問して治療訓練のサービスを提供している。事故や病気の後遺症をもつ障害者よりも、主に先天的な障害者（知的、身体的障害ともに）を対象にしている場合が多い治療訓練施設なので、「再生」や「復帰」を意味する接頭語のリハビリの「リ」をとって、スウェーデンでは「ハビリテーリングセンター」と呼んでいる。

スウェーデンの医療福祉に関係する施設のほとんどは、国やコミューン（自治体）の運営によるものである。当然、私が勤めているこのハビリテーリングセンターも公共医療の管轄に入り、そのため利益を考えないでハビリに専念してよい環境となっている。だから、ハビリテーリングセンターに登録されている患者には、治療や訓練はむろん、無数の補助機具や生活をするために必用とされる住宅改造などが無料で提供され、障害者一人ひとりの生活がより円滑に行われるためのサポートができるようになっている。

スタッフたちにとっては、ベルトコンベア式のように時間を気にしながら治療訓練を行わなくてもいいし、患者一人ひとりに対して充分な時間をとることができるから、非常にそれぞれが自立した自由な雰囲気の職場となっている。とはいえ、患者との連絡から治療計画、事務管理に至るまでのすべてが一人のスタッフの仕事範囲となるし、またそのうえ、代理のスタッフがいないために責任も大きくなるということを強調しておきたい。

当センターのモットーは「家族を中心にしたハビリを」というもので、センターに通院してくる患者だけでなく、訪問治療、学校などへの出張訓練、社会活動への参加などとネットワークも広く、学校と医療とが統合された境界線のない仕事ができるようになっている。スタッフも各種の専門職、医者、看護婦、心理療法士、言語療法士、理学療法士、作業療法士、医療ソーシャルワーカー、特別教育教員、余暇コンサルタント、マッサージ師、ドラマ教育者、医療事務員などがいて、障害児の居住地別に医療チームが編成され、それぞれの医療チームで担当の障害児と家族へのハビリがなされている（詳しくは、拙著『スウェーデンの作業療法士』新評論、二〇〇〇年を参照）。

赴任当初より、ハビリテーリングセンターの作業療法士やほかのスタッフたちは、通院してくる患者に対してマニュアル化された治療訓練を行うだけではなく、従来にはない作業療法を見つけようと野心的に探求していたし、「ああでもない、こうでもない」とスタッフ同士でよく議論をしていた。たとえば、アメリカの作業療法界がすでに取り入れていた訓練の一つで、同国の作業療法士であるジェーン・エアー（Jane Ayres）が開発した「感覚統合」（一七ページより詳述）についても講習を受けて実際に試みていた。これは、繰り返し同じ運動動作を体感することによって周囲の情報を処理して個人の発達を促す方法で、「感覚統合訓練方法」といっている。しかしそれは、動ける児童、たとえば感覚障害のある注意欠陥多動児などには効果的であるが、動けない子どもたちにとっては当然のごとく効果はなかった。

ニンブスガーデンのスヌーズレン

当時、一般的に行っていた治療訓練といえば、身体一つ自由に動かせない子どもに対して、毎回、関節や筋肉の硬直を予防するだけの機能訓練やチェックなどであった。子どもにとってだけでなく、私たち療法士にとっても退屈であり苦痛な訓練だった。そして、何とか面白くしようといろいろな工夫を試してみたが、なかなかいいアイデアが浮かばなかった。訓練方法をめぐってなんの進展もなく、苦悩する事態に私たち療法士は追い込まれ、悶々とした日々を送るしかなかった。

学会などで各国の療法士と話す機会に恵まれてもやはりこの話題となることが多く、どうやら世界共通の悩みとなっているようだった。楽しみながら、もっと感覚と運動を統合した訓練方法はないものかと、それぞれの国の療法士たちが模索していたことになる。重度重複障害の子どもたちが動かずとも楽しめる訓練、そういうものがあればいいなぁと、多くの療法士たちが切望していた毎日だった。

ちょうどそのころ、私にとっては二度目となるニンブスガーデンへの訪問のチャンスがやって来た。このときは、自閉症のためのティーチメソード（一四二ページより詳述）の講習会に参加するのが目的であった。しかし、このニンブスガーデンのスヌーズレンを再び訪れたことによって、私の中で初めてスヌーズレンというものが理解および実感され、今まで探してきた重度重複障害者への訓練方法として、スヌーズレンほど最適なものはないのではないかと確信するようになってきた。それからというもの、手当たりしだいにスヌーズレンに関する本や資料をあさっては勉強をし、講習会があると聞けばすぐさまそれに参加するという日々となった。スウェーデン国内では北部（ノルテリエ）にあるバルデスヒュースケアセンターまで、あるいは発祥の国であるオランダ、さらにはイギリスまで何度も足を延ばした。イギリスでは、先にも記したようにキューイン氏、ハッチンソン氏からの講習を受けることもできたし、交流を深めることもできた。

感覚統合（Sensory Integration）

スヌーズレン研究の一方でハビリテーリングセンターで行われていたのが、先にも少し述べた感覚統合の訓練方法であった。これはスヌーズレンにも関係することなので、少し詳しく説明したい。

この感覚統合という訓練方法は、アメリカの作業療法士のアン・フィッシャー（Anne G. Fisher）、エリサベス・ムレイ（Elizabeth A. Murray）、アニタ・バンディ（Anita C. Bundy）の三人が、先に紹介したジェーン・エアーの亡き後に彼女の研究を引き継いで発表したものを基にして考えだされた訓練方法である。この訓練方法にはいまだに賛否両論があるが、たとえば療法としてＬＤ（Leraning Disability、学習障害児）など多動性や衝動性行為のある児童に欠けている感覚認知の一部を、さまざまな運動を通じて、つまり身体を動かすことによって修得させていくという方法である。

一般的にこれらの子どもは、ある感覚に対して過剰に反応したり、逆にほとんど反応を示さないということがある。たとえば過剰反応の方でいえば、スキンシップやくすぐられるのを嫌う（身体性感覚）、車に酔いやすい、バランス感覚に欠ける（前庭感覚）、突発的な音に異常反応をする（聴覚）、物を舐めたり匂いを嗅いだりする（味覚、臭覚）など、そして逆に反応の小さい場合は、怪我をしても気がつかない、回転するのを好む、視線を合わせない、強い味を好むなどである。

またそれ以外にも、空間能力の欠如、方向音痴で道に迷ったり部屋にある家具の配置などが認知できないなど、通常の子どもであれば普通に処理できる感覚情報を彼らはうまく調整することができないのだ。そのために、想像能力、推理能力、洞察能力などの社会生活を送るにおいて必要な感覚処理ができないまま成長してしまうことになる。それによって、人との付き合いが下手で友達ができないとか、話をしていても噛み合わない、すぐに喧嘩をする、いじめられるなどの現象が現れてくることになる。こういう子どもたちのために、特定な運動をしたり、底が丸くなっている円盤の上に立ってバランスをとる訓練を行うなどして感覚能力を養って促進させる方法が感覚統合訓練である。

最近では、この感覚統合訓練は、手で物に触れる、匂いを嗅ぐなど身近な物をその対象として使用することによって、バランス訓練だけではなく、料理をしたり、粘土遊びをしたり、簡単なオモチャをつくったりという作業的な活動も取り入れるようになったため、ＡＤＬ（Activity of Daily Living）、つまり日常作業に密着した訓練ができるとして療法士たちを喜ばせている。

感覚を統合するという意味ではスヌーズレンとよく似ているし、同じ主旨に沿ってはいるのだが、実際には大きく異なる。それは、感覚統合が療法士による療法であるのに対して、スヌーズレンの感覚統合はあくまでも自らが自分のレベルに合うものを選択するということである。つまり、感覚統合は患者と療法士が合意のうえで指導して訓練する方法であり、スヌーズレンは患者自身が設置されている環境の中で自らが学習して必要とする感覚を獲得していくというものなのである。この違いにお分かりいただけるであろうか。もちろん、両方ともとても重要な方法であり、双方が協力しあうことによってさらに患者の生活が充実したものになることは間違いない。

さてハビリーテーリングセンターでは、感覚統合訓練をするために必要とされるブランコにもなるネットや、スケートボードをちょっと大きくして子どもが腹ばいになれるようなコマ付きのボード、大きなちくわ状のものを並べてその上をゴロゴロと転がれるような筒状のマットの大小、さらにバランス感覚を養うための円錐型のボードなどはすでに購入して使用していた。しかし、そのための広い部屋は特別にはなく、ほかの身体運動の訓練をするセンターの体育館を理学療法士の人たちと共同で利用することになっていた。そのため、感覚統合の訓練をするたびに、倉庫からこれらの器具を出し入れしなければならなかった。これには非常に手間がかかり、時間のロスだけでなくスタッフの体力をも奪うこととなり、スタッフのストレスばかりが生じてこの訓練方法は実用的でないとして行われる回数も少なくなっていった。そのため、感覚統合訓練をするための独立した部屋が欲しいと同僚たちに伝え、さまざまな方法でもって上層部に働きかけたが、センター内にはそのために提供できる余分な部屋は残念ながらなかった。

ちょうどそのころ、ハビリテーリングセンターに視察に来たフィンランド人の作業療法士を案内したことがある。その人が言うには、フィンランドではこの感覚統合の訓練資格は作業療法士としての資格を取るときに必須とされているということであった。そして、LDのための療法として広範囲に積極的に利用されていると言うのだ。それゆえ、そのために必要な訓練室は豊富に用意されているとも言う。

スウェーデンでは、まだこのメソード（療法）は作業療法士の教育の中において必須とはなっていない。各種のメソードの中の一部として紹介される程度で、あまり深く論議されることもなかった。作業療法士は多様な職業であり、働く場所も手の外科、外科、保険事務所、技術センターなどにわたるだけでなく、患者の対象も感覚統合訓練を必要としない場合も多くあり、義務化するには無理なのであろう。だから、感覚統合訓練を必要と感じた作業療法士は、学校を卒業した後に各自が希望して感覚統合の講習を受けに行くのだ。個人的に、とはいっても、雇用者側が必要に応じてその費用のほとんどをサポートしている。

このようなことが理由で、私たちは感覚統合訓練を進めるにおいて壁にぶつかってしまい、その代替方法としてスヌーズレンについて協議し始めた。ランチルームで、コーヒーを片手に議論する日々がかなり続いたように記憶している。ところがある日、ハビリテーリングセンターの当時の所長であるマルガレータ・ニルソン（Margareta Nilsson）女史が、突然、私に対して感覚統合訓練室かスヌーズレンをつくるための予算を立てて提出するように言ってきたのだ。どうやら、私たちが話し合っていたのを陰で聞いてくれていたらしい。

「どれくらいの規模のものをつくりたいの？」

「それは大きいに越したことはないけれど、たとえ小さくてもやれないことはない」

と、私は答えた。「地下に空き部屋があるのだけれど……」とマルガレータが提案してくれたので、その部屋を一緒に見に行った。地下には二部屋あって、必要であれば両方とも提供してくれるというではないか。「棚からぼた餅」というべきか、この突然の申し入れに私たちスタッフは大喜びした。しかし、感覚統合訓練をするためには、それぞれの訓練器具を取り付けてさらに自由に運動ができる空間が欲しいが、窓一つない地下の部屋では圧迫感があって不自然だし、運動するには少々狭すぎた。それで、これまでたびたび議論を重ねてきたもう一つの目標であるスヌーズレンの部屋をつくることにし、その旨をマルガレータに伝えて了承を得た。

ところが、一番熱心だった同僚の一人（イローナ、Ilona）が、提供された地下の部屋だけでは狭すぎる、また少ない予算で片手間にスヌーズレンをつくるのは反対だと言って身を引いてしまった。彼女が考えていたスヌーズレンの構想は、センターが与えてくれた規模よりもはるかに壮大なものだった。のちに彼女はセンターを辞めて、マルメコミューンが新しく設置した脳損傷障害の後遺症をもった成人を対象にしているフローエットデイケアセンターの施設長になった。そこでは、彼女なりのスヌーズレンを施設全体に取り入れることができたようで、彼女の夢はかなったことになる（一二三ページに詳述）。

また、渋りだしたのは彼女だけではなかった。ほかのスタッフたちも、それでなくても多忙なうえにスヌーズレンをつくるとなると、勤務時間以外の労働を強要されることになるではないかと言い出したのだ。つまり、一つのプロジェクトとして勤務時間内にスヌーズレンをつくり、そのために患者と接する時間が少なくなることを考慮して患者の人数を減らしてくれて時間的に余裕をもたせてくれるならばよいが、そこまで大学病院側が配慮してくれるわけはない。それならばということで、スタッフは「できない」と反対したのだ。あらゆる物事に対して厳格で、自分のプライベートの時間と仕事をきっちりと分けるというスウェーデン人の気質を考えるとそれも当然である。このときは、そこまでの配慮はマルガレータの側にもないし、スタッフ側もサービス残業という大きな代償を払ってまでは無理をしたくないということだった。

結局、働くことを惜しまない典型的な日本人であり、スヌーズレンをつくりたい一心の私一人が残ってしまった。たとえ小さくてもスヌーズレンという環境が設置されることによって重度重複障害児に与える影響を考えると、せっかく与えられたチャンスを無駄にする勇気などは私にはなかったし、またそうしたくもなかった。それに、小さいといっても二部屋を目いっぱい利用できるのだから、日本での施設規模を考えると贅沢というものであろう。日本の住宅状況を知らないスウェーデン人にそのことを理由にして説得するわけにもいかないから、私一人で仕事にとりかかることにした。マルガレータに言われたように、二日後には大学病院の委員会に予算案を提出しなければならなかった。「それに乗り遅れると予算は出ない」と、マルガレータ所長は厳しく言う。かなりタイトなスタートとなった。

私は、資料という資料、本という本を前にして頭を抱えた。それまでの地下室は、障害者が利用していたディスコルーム（五メートル×六メートルの三〇平方メートル）とそれに付設してある台所（二・五メートル×五メートルの一二・五平方メートル）、そしてビリヤード室（四メートル×五メートルの二〇平方メートル）として使用されていた。考えようによっては三部屋なのだ。その部屋の床の張り替え、壁塗り、電気、配線、ヒーターの位置など、すべてにおいて予算を立てていかなければならない。ペンキ塗りのためのペンキにどのくらいの費用がかかるのか、また個人の建築業者よりは安いとされている大学病院と契約している専門業者に改造を依頼するのだが、それがいったいどの程度の金額になるのかは、まったくの素人の私には分からないことだらけだった。私は二日間、仕事の合間をぬっては関係方面に電話をかけまくった。そして、夜は夜で部屋の構想を練った。ディスコルームは「ホワイトルーム」に、ビリヤードの部屋は「アクティヴィティルーム」にと思いを馳せた（四三ページより詳述）。

しばらくして、基本に戻って誰のためにスヌーズレンをつくるのかということをもう一度考えてみた。ハビリテーリングセンターでスヌーズレンをもっとも必要としている人達、重度重複障害の子ども達など、対象を誰にするかによって購入する機器も違ってくる。感覚を刺激する素晴らしい療法だからといって、あれもこれもと欲張ってはいけない。いかんせん少ない予算でつくらないといけないために、アイデアを働かせて手製のものもつくろうと自らに納得させた。

二日後、最低限の予算の見積もりとともに、私なりに構想した図面も提出した。やるからには、夢を追い続けた同僚と同じく半端なものにはしたくなかった。とはいえ、提出した予算案は、最低限の器具だけを購入する金額である一〇万クローネ（約二〇〇万円）にした。これは、初めから高額な予算を要求しても却下されるのが落ちだし、何よりも私自身その結論が出るのが一番嫌だったからである。それに、仮に多額の予算が出ても、それを使って大胆に振る舞えるほどの器量と知識が私にはなかった。とにかく、多少の自腹を切りさえすれば何とかなるだろうと考えての予算案の提出だった。

しばらくして、予算案を提出していたことさえも忘れかけたころに、マルガレータから「予算が出た」という報告を受けた。しかも、望んだ額がそっくりそのまま下りたのだ。そのうえ、この朗報にはおまけがあった。というのは、私はほとんどの物は手製で、また壁のペンキ塗りなどはスタッフや患者とともに週末を利用してするつもりでいたのだが、部屋の改造費は病院の予算でまかなってくれるというのである。つまり、改造に必用なフローリングや照明はすべて専門業者がしてくれて予算の中には含まれず、一〇万クローネ全額がスヌーズレンで使用する器具の購入に当てることができるというのだ。嬉しくて、小躍りをしたのはいうまでもない。

それからというもの、業者と床や壁の色を決め、天井からぶら下げる照明器具やライティング効果を決め、考案したスヌーズレン製品を注文するという忙しい日々を送ることとなった。とはいえ、私の人生の中でこれほど充実感を味わったこともなかった。これまで練ってきたアイデアを駆使して、創造していく楽しさは格別である。もちろん、日常の仕事と並行して行っていたので勤務時間がオーバーするのは当たり前だったが、何ともいえ

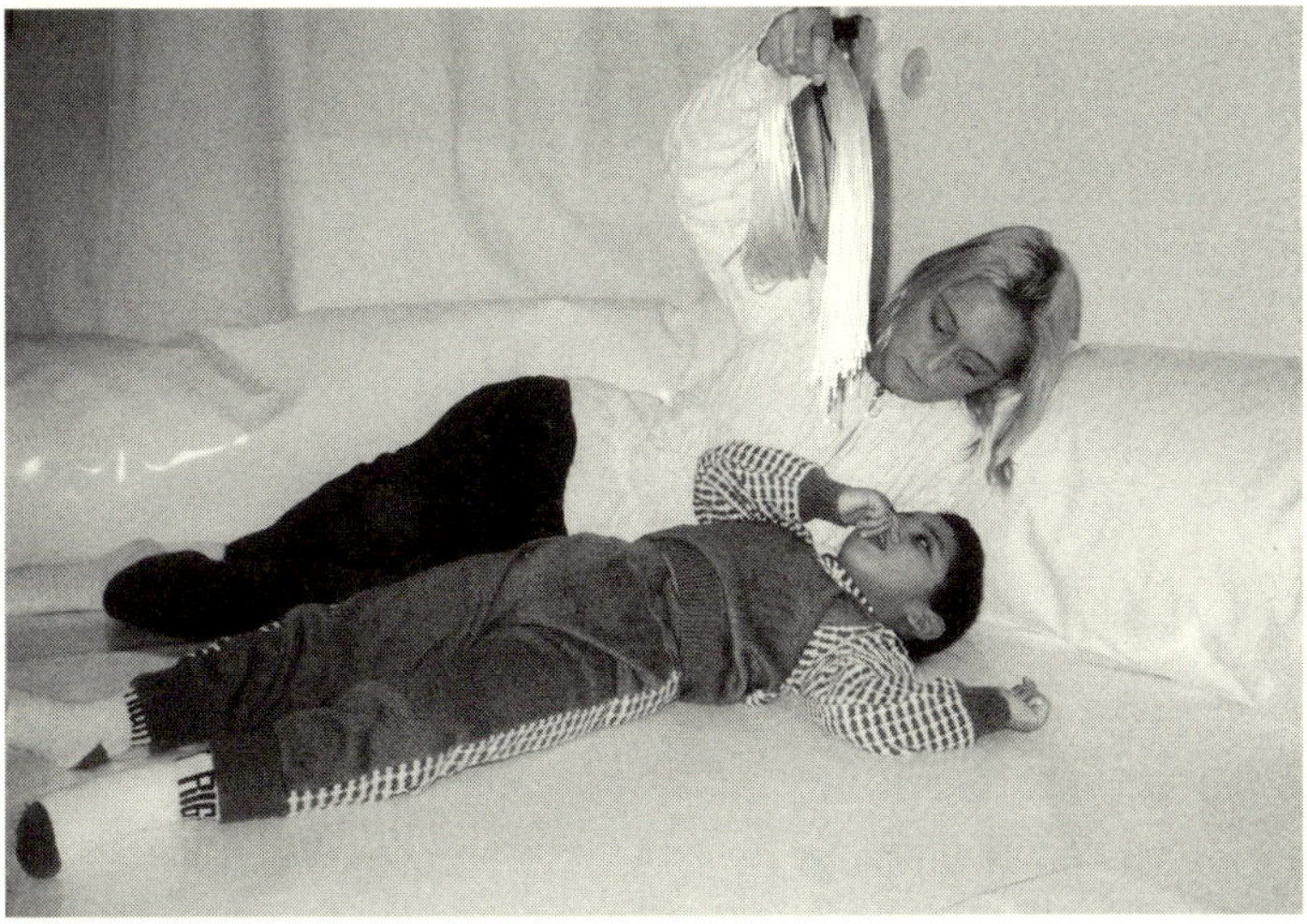

ハビリテーリングセンターのスヌーズレン。ホワイトルームでリラックス

ない満足感を味わった。ハビリテーリングセンターで裁縫士の仕事をしているレーナも協力してくれることになり、私が考案したものを器用に布で縫っていってくれたし、私自身もクリエート（創造）することが大好きなので、製造されたものを購入しないで自分でできる物は時間を惜しまずせっせとつくっていった。

ハビリテーリングセンター内にスヌーズレンをつくっているという噂がどこからか伝わったのか、ある日、マルメ市の男性ばかりで組織されているライオンズクラブの会合に招待された。四〇人ほどの会員が集まる集会で、スヌーズレンについて説明をして下さいという依頼だった。選ばれた人だけが会員になれるクラブなので、知的で裕福そうな人が多い。スーツをピシッと着て勢ぞろいしている男性たちを前に紅一点の私が話すというのは少々気がひるんだが、スライド写真などを見せてスヌーズレンについての簡単な説明と紹介をした。

その後、ナイフやフォークが無数に並ぶ正式な食事をしながら交流を深めたのだが、正直、緊張していて何を食べて何を話したかを全然覚えていない。とにかく、粗相のないように振る舞うのが精いっぱいだった。食事が終わって別れぎわに、スヌーズレンのために寄付金が贈られるということを聞いてすっかり嬉しくなってしまった。後日、新聞記者も集まっての仰々しい寄付金の授与式が行われた。その寄付金は、なんと二万五〇〇〇クローネ（約三八万円）にも上る金額であった。

スヌーズレンをつくるにあたって、所長のマルガレータはすべてを私に任せてくれた。自由に、好きなように、私自身がイメージしたようにつくらせてくれた。これは、私が勤めているハビリテーリングセンターだからこのように自由にできたわけではない。スウェーデンという社会が、上下関係にあまりこだわらないで対等の立場で物事を創造していく国だからである。その代わり、任されたことは責任をもってする。幸い、周囲から歯車を狂わせるような規制や暴言もなかった。結局、一九九四年の秋からスタートしたスヌーズレンつくりは翌年の一九九五年の春に完成し、小規模ながらも充実した二部屋に最初の患者を受け入れることとなった。センターではそれに先駆け、スタッフ全員にスヌーズレンの利用方法やコンセプトを説明することになった。これまでは学ぶ立場であった私が、今度は教える立場となったのだ。

利用者は、当初考えていた重度重複障害者だけではなかった。青少年の精神病棟からもスヌーズレンを利用したいとか、小児病棟の入院患者の家族から、また痴呆症のグループホームからも利用したいという要望が出てきた。ハビリテーリングセンター内だけでも、身体障害者、知的障害者、自閉症、ＬＤ（学習障害）というさまざまな患者を対象にいろいろな形で利用されていった。そして、完成したスヌーズレンに満足することなく、月日が経つにつれて新たなアイデアもどんどん取り入れたり新しい器具を購入したりして、その斬新さに自ら興奮したりもした。

地下の二部屋に沿って長い廊下がある。初めは、そこにも触覚や聴覚を刺激する面白い物を設置できると思って喜んだのだが、それは大学病院の安全委員会の方からあっさりと却下された。つまり、廊下は火災などが起こった場合の非難通路だから邪魔になる物を置いてはいけないし、また廊下はハビリテーリングセンターだけのものではなく病院という公共のスペースの一部だから物を設置してはダメだというのだ。大学病院では、各科が独立した形で運営されており、病院という施設のある一棟をハビリテーリングセンターが賃貸しているという形になっている。だから、部屋の内装はハビリテーリングセンターが責任をもってするわけだから自由にしてもよいが、廊下は共有エリアになるからだめということなのだ。

しかし、どこの廊下も殺風景さを隠すために絵画などが掛けてあるし、治療待ちの人が腰掛ける椅子やテーブルも置いてある。だから私は、廊下に物を置かない代わりにスヌーズレンの部屋側の壁に視覚、聴覚、触覚を刺激する機器やオモチャを取り付け、内装をしたときの残りのペンキで模様を描いたりした。

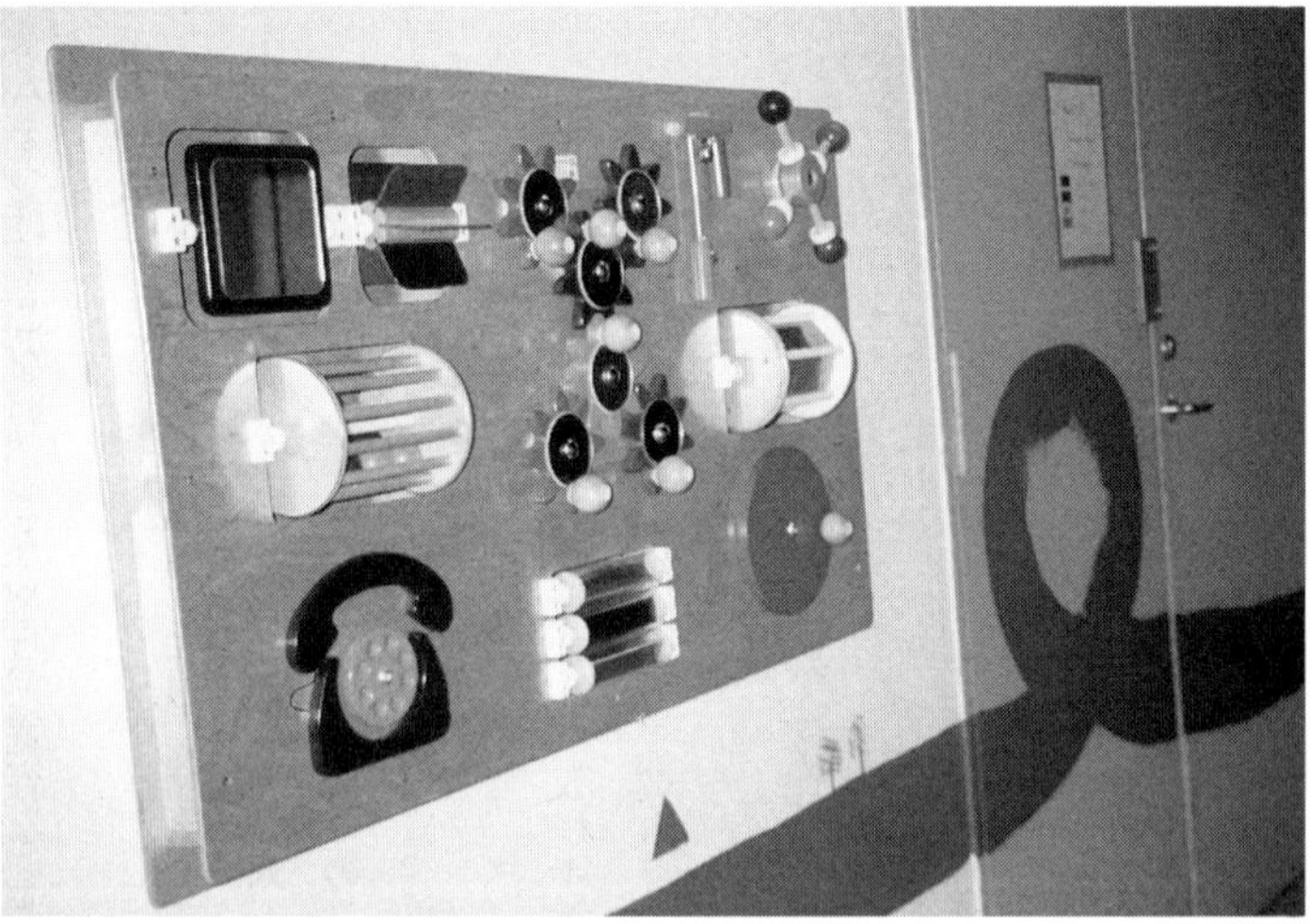

触れると音が出たり回ったりする

すでにそれから七年が経過しているが、誰もクレームをつけてこない。どうやら、寛容なところもあるようだ。

たった二つしかないスヌーズレンの部屋を視察したいという人も時の経過とともに増え、講習会の講師を頼まれることも多くなってきた。ある小学校からは、スヌーズレンを健常児に対してもつくりたいからといわれて、ちょっと驚いて行ってみた。戦争を体験した難民が多いこの学校では、その子どもたちのために精神的にリラックスできる部屋が必要だったのだ。さらに、集中力に欠ける子どもたちが安心して過せる部屋も必要だった。たくさんの教師を前にして、スヌーズレンの重要さ、また生徒一人ひとりが自分の発達レベルに合わせて、誰に強制されるわけでもなく自らスヌーズレンの感覚を認知していくそのプロセスの重要性を説いた。その後彼らは、学校の予算を利用して、リラックスすることを目的としたホワイトルームなどを校内の一室に完成させた。

現在も、多くの学校やグループホームなどから講習会の要請やアドバイスを頼まれている。ハビリテーリングセンターと交流のあるポーランドのビドゴチェ（Bydgoszcz）まで出張して、スヌーズレンについて講習をしてきたこともある。世界中が待ちこがれていたスヌーズレンに、やっとスポットライトが当てられるようになった感がある。資金的に厳しいポーランドでも、現在は熱心な後援者たちによってスヌーズレンが設立されつつある。

ハビリテーリングセンターにはスヌーズレンがありますよ、とわざわざ宣伝しなくても、人から人へ口伝えでどんどん広がっていっている。小児科病棟からも、入院している子どもが退屈しているから利用させていただきたいという依頼を受けた。スヌーズレンは、子どもの遊び場、あるいは娯楽場としてつくったわけではもちろんないが、子どもたちがたとえひと時でも病状を忘れて楽しむことができ、自ら回復しようとする意志がより強固なものになるのであれば、それはそれとしてスヌーズレンをつくった意味があると思っている。

身体的障害をともなわない知的障害者は、ずっとハビリテーリングセンター外の管轄で、地域に配置された特別教育教員（日本の養護教員にあたる）が彼らの教育や養護にあたっていた。しかし、一九九六年からはスウェーデンの厚生省と医療現場とが協力することになり、知的障害者も身体的障害者とともにハビリテーリングセンターで治療訓練されることになった。ハビリテーリングセンターもそのために特別教育教員を迎えてスタッフの数が膨れ上がったが、その分、スヌーズレンを利用する対象者の幅もグンと広がり、その運営に特別教育教員のスサンナも加わることになった。おかげで、それ以後は二人でスヌーズレンの運営にあたれることになり、私もほっとした。

では、次の章で、本来のスヌーズレンとはいったいどういうものなのかということを紹介していくと同時に、私がつくったハビリテーリングセンターのスヌーズレンをより詳しく説明していくことにする。

第2章

スヌーズレンとは どういうものか

アクティヴィティルーム

基本的なスヌーズレン

スヌーズレンとは、すべての感覚を統合させるために適度の刺激を与え、楽しみながら感覚を自分のものにしていくプロセスのことをいう。そして、「スヌーズレンセンター」といわれるところには、リラックスを中心にした「ホワイトルーム」、音楽や楽器を中心にした「ミュージックルーム」、弱視の人が見てもコントラストがよく分かるようにライティング（照明）効果を施した「ブラックライトルーム」、遊戯や運動を中心にした「アクティヴィティルーム」、ジャグジー付きの「バスルーム」、「マッサージルーム」、テレビやビデオを観るための「映像ルーム」など、もろもろの工夫を凝らした部屋があり、あらゆる角度から五感が刺激されるようになっている。

スヌーズレンという部屋へ一歩足を踏み入れると、普段は体験できないような、幻想的な異次元の世界に迷い込んだような錯覚に陥る。ロックコンサートやディスコに行った経験のある人ならば、そのときの雰囲気を思い出して欲しい。さまざまなライティング効果やイリュミネーションが会場全体を包み、その迫力に圧倒されたご記憶もおありだろう。時には、効果をより上げるために、最後のクライマックスには花火まで打ち上げるコンサートもあるほどだ。それと同様に、スヌーズレンの部屋の中にもさまざまなライティング効果が施されていて、見るもの、手で触るもの、すべてのものが変化したり音を出したりして、利用者の好奇心がわき上がってくるように工夫されている。ただ、ロックコンサートやディスコと違うのは、耳を覆うようなハードな演奏ではなくて、静かで美しい音色の癒し系の音楽が流れているところだろう。

最近の傾向では、部屋の中だけにとどまらないで屋外にも目を向けてきている。たとえば、地面の舗装に変化をもたせて、歩くだけで石や草や砂などの感触が楽しめるような工夫もされているところもある。前述したイギリスのアッシュ・グリーンセンターでは、地面にレンガの色を変えて迷路を造ったり、壁には手で触れるモザイクの絵があったり、日本庭園からアイデアを取ったという植木と水と岩などの配置の仕方も取り入れている（一二ページの写真参照）。「わび」や「さび」の感覚が理解できるかどうかは別として、外国の人にとっては未知なる体験ができるように工夫されているのだ。

これらのすべての環境が、利用者を歓迎し、安心感を与え、好奇心を抱かせ、探求心をくすぐっているのだ。さまざまな照明器具やオモチャ、効果音や映像で精神的にリラックスできるだけではなく、知らず知らずのうちに感覚を統合していくことができるこのスヌーズレンでは、障害をもつ人も健康な人も、不思議なひと時が得られるように設定がなされている。

以下では、その代表的な部屋を紹介したい。さあ、想像力を働かせて、これから紹介するスヌーズレンの部屋をイメージしてみて下さい。

ホワイトルーム

ここはその名の通り、すべてが白で統一されている部屋である。壁や天井はもちろん、窓にも白いブラインドを下ろし、床には白いマットレスが敷かれている。部屋の片隅には白いウォーターベッドがあり、天井からは白いハンモックがぶら下がり、もう一方の片隅にはアクリル製のバブルチューブ（＝バブル・ユニット）が置かれ、人間の背丈もあるような透明の筒の中を水泡がブクブクと上がっている。また、ファイバー・オプティック・スプレイ（＝サイドグロウ）というナイロンのようなヒモ（グラスファイバー）の中を、光がゆっくりと移動しながら三色に変化していっている。この二〇〇本もある光の束は、ベッドの上に無造作に置かれている。

重度重複障害児が動かす手足のわずかな力でも、部屋に設置されているウォーターベッドであれば振動が起こるために身体の動きが体感できるし、サイドグロウの束（二〇〇本ほどのグラスファイバー）の中を光が流れるのが目に入る。ウォーターベッドの下にはバイブレーションシステムが置いてあり、ベースの音などが横たわっている身体全体に振動するようになっている。天井はそれぞれの施設によって工夫の仕方が違うが、薄い布のカーテンを波のように吊るして視覚的にも優しく感じるようにしてあったり、また防音を兼ねるように配慮している所もある。

天井のコーナーにはディスコで使うようなミラーボールが吊るされており、それで部屋全体に無数のスポットライトが広がる。スポットライトの色は自動的に三色に変化するようになっており、その光は非常にゆっくりと部屋全体を回転している。小さなミラーボールを使用すれば天井いっぱいが夜空を彩る星の群れのようになるので、宇宙を浮遊している感じにもなる。ソーラープロジェクターという機器があって、それを使用すると、大きなライティングスポットが丸く大きく壁いっぱいに写る。それに液体の入った円盤を取り付けると、液体の動きによって幾何学模様が壁面いっぱいに広がる。寝たまま見上げる天井や壁には、このようにさまざまなライティング効果が施されてあり、抽象的な模様や星くずが目に飛び込んでくるようになっており、視覚をぞんぶんに刺激してくれる（口絵の写真も参照）。

スヌーズレンでは、信頼できるアシスタントやセラピスト、あるいは親が必ずそばにいて、患者に安心感が保たれるようにしている。患者は、彼らとともにホワイトルームの雰囲気を共有することになる。このような部屋で一定時間を過ごしてリラックスすることができればストレスが解消され、精神的にも安定し、それによって周囲から与えられる刺激に対しても反応が豊かになり感覚機能が鋭くなっていく。それらの感覚が周りの人々に認識されるようになることによって患者

ソーラープロジェクター

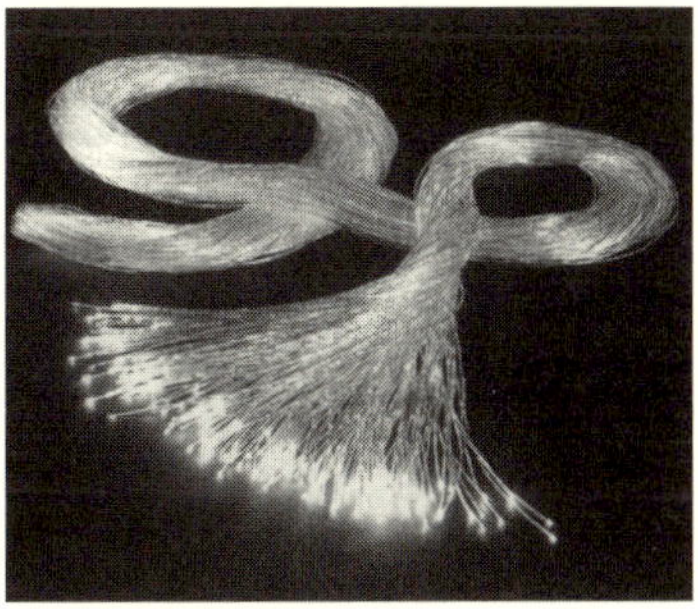

サイドグロウ

（写真提供：コス・インターナショナル）

の機嫌の良し悪しが分かるようになるだけではなく、ほかの意志を表す行為、たとえば目でものを追うことによって好奇心の有無を伝えたり、動くものに対する興味や満足感など多彩な表情が現れてくることになる。また、ホワイトルームのような非日常的な空間を共有することによって、患者とアシスタントたちとの間に一種の連帯感も生まれてくる。

これらすべてが、リラックスする上において何らかの意味を成している。障害者とともにいる人、アシスタント、セラピストや家族は、その同じ部屋の中で患者と同じレベルでライティングスポットが表現する抽象画を見、その雰囲気を味わい、患者が示す新たな表情を読み取ってそれに答え、同じようにリラックスしながらこれまでとは違ったコミュニケーションを試みることができるわけだ。

「ホワイトルーム全体を全身でともに受け入れて体感できれば、双方に最大の効果がある」と、この部屋を体験した多くの人たちが言っている。

アクティヴィティルーム

この部屋には、さまざまな形や色をしたマットレスが置いてある。マットレスのトンネル、一方が階段でもう一方が滑り台になっているマットレスもある。床一面に分厚いマットがびっしりと敷かれ、少々荒っぽい運動をしても怪我をしないように、安全面においても非常に配慮されている。天井からはソーセージのような筒型のマットが幾つもぶら下がっており、注意欠陥障害の

郵便はがき

料金受取人払郵便

新宿北支店承認

5138

差出有効期限
平成25年2月
19日まで

有効期限が
切れましたら
切手をはって
お出し下さい

1 6 9 - 8 7 9 0

260

東京都新宿区西早稲田
3—16—28

株式会社 **新評論**
SBC（新評論ブッククラブ）事業部 行

お名前	SBC会員番号 L　　　　番	年齢
ご住所（〒　　　　） TEL		
ご職業（または学校・学年、できるだけくわしくお書き下さい） E-mail		
本書をお買い求めの書店名 市区 郡町　　　　書店		

■新刊案内のご希望　□ある　□ない

■図書目録のご希望　□ある　□ない

SBC（新評論ブッククラブ）入会申込書

※に✓印をお付け下さい。

SBCに **入会する** □

SBC（新評論ブッククラブ）のご案内

◆当クラブ（1999年発足）は入会金・年会費なしで、会員の方々に小社の出版活動内容をご紹介する小冊子を定期的にご送付致しております。**入会登録後**、小社商品に添付したこの**読者アンケートハガキ**を累計5枚お送り頂くごとに、全商品の中からご希望の本を1冊無料進呈する特典もございます。ご入会は、左記にてお申込下さい。

読者アンケートハガキ

●このたびは新評論の出版物をお買上げ頂き、ありがとうございました。今後の編集の参考にするために、以下の設問にお答えいただければ幸いです。ご協力を宜しくお願い致します。

本のタイトル

●この本を何でお知りになりましたか

1.新聞の広告で・新聞名（　　　　　　）2.雑誌の広告で・雑誌名（　　　　　　）3.書店で実物を見て 4.人（　　　　　　）にすすめられて 5.雑誌、新聞の紹介記事で（その雑誌、新聞名　　　　　　）6.単行本の折込みチラシ（近刊案内『新評論』で）7.その他（　　　　　　）

●お買い求めの動機をお聞かせ下さい

1.著者に関心がある 2.作品のジャンルに興味がある 3.装丁が良かったので 4.タイトルが良かったので 5.その他（　　　　　　）

●この本をお読みになったご意見・ご感想、小社の出版物に対するご意見があればお聞かせ下さい（小社、PR誌「新評論」に掲載させて頂く場合もございます。予めご了承下さい）

●書店にはひと月にどのくらい行かれますか

（　　　　）回くらい　　書店名（　　　　　　）

●購入申込書（小社刊行物のご注文にご利用下さい。その際書店名を必ずご記入下さい）

書名　　　　冊　書名　　　　冊

●ご指定の書店名

書店名　　　　都道府県　　　　市区郡町

アクティヴィティルームのボールプール

子どもたちが冒険心をそそられるのか、そのマットに飛びついたり、どれぐらいぶら下がっていられるかを競い合ったりしている。利用者に、いたって好評な部屋である。

コーナーには「ボールプール」と呼ばれて、水の代わりに小さなボールでいっぱいになったマットレスのプールがある。ハンバーガーなどのファーストフードショップや遊園地に同様のものが置かれてあるので、みなさんもよくご存じだろう。それに飛び込んだり、寝転がったり、ボールを掻き出したりして遊んでいる。

壁には、手で触ると光が点滅したり、輝いたり、動いたり、音が出たりする面白い器具がたくさん取り付けてある。床にあるマットや光の盤を踏んだりすると、センサーによって牛の鳴き声や自動車のクラクションの音、鈴などの音が部屋中に響きわたるようになっている。ちょっと驚かされるが、何度も試したくなる装置だ（ライト・サウンド・フロアー）。また、イリュミネーション効果がいろいろな形で工夫されていて、想像力や好奇心を逞しくさせてくれる。自発的な活動が、誰に止められることもなく、積極的に伸び伸びとできるように工夫されている部屋だ。

ブラックライトルーム

文字通り暗い部屋なのだが、単に暗いだけでなく蛍光塗料がふんだんに使用されていて、その効果によって宇宙に投げ出された感じがする。月星型のライトや星座などが部屋中を飾り、一寸先も見えない部屋に光のオブジェが現れる。またそれ以外に、明暗がはっきりと分かる器具が数多く置かれている。このブラックライトルームを弱視の人が使うといえば不思議に思われる方もいらっしゃるだろうが、この明暗がはっきりと分かる器具に光が反射することによってさらに輪郭が明確になるため、弱視の人には実に好評なのだ。このブラックライトルームにも、音に対して敏感な人のために音響効果のあるオモチャが壁や天井からいろいろな方法で取り付けられている。天井からは洗濯物を干す丸いハンガーや蛍光塗料で光る縄跳び用のヒモ（蛍光チューブ）が無数にぶら下げられており、その下を通過したりその下に立ったりすると身体にそってヒモが流れるようにからみついてきて、その感触で自分の身体の大きさや動きが把握できるようになっている。蛍光チューブでなくても、リリヤン（手芸材料）のようなヒモやビニールのヒモでも充分にその目的は達成できる。

余談になるが、弱視の人を対象とする場合には色のコントラスト（対極性）を大きくする必要がある。同じ黄色でも、黒度の強い黄色と白度の強い黄色ではまったく別の色になる。その黒の度合いによってコントラストが生み出されるのだ。だから、階段や玄関の扉などを床や壁と間違わないようにする場合には、扉の枠にコントラストが大きくなる色を塗ればいいわけだ。よく目立つからといって黄色い点字ブロックを灰色や白色の背景に置くが、黒度が背景とブロックと同じように薄ければ弱視の人にとっては区別がつかない。要は、黄色でも赤色でも緑色でも、背景の色と黒度の強弱を大きくすれば区別できるのである。これさえ理解しておけば、弱視の人が居住する家でもカラフルなインテリアを施すことができるし、安全性を高めることも可能となる。

音楽の部屋

この部屋には、世界中から集めたさまざまな楽器が使いやすいように置いてある。人が一人座われるほどの大きな長方形の箱型の太鼓（ボックスドラム）は、叩くとその振動が身体全体に響いてくる。また、大きなタンバリンの中には豆が入っていて（オーシャンドラム）、左右に動かすと波の音がするようになっている。「レインスティック」という中南米の大きなサボテンを乾かしてつくった楽器にはたくさんの種が積め込んであって、それを傾けると雨の音がする。勢いよく一気に傾けると夕立のような音がするし、少しだけ傾けると春雨のような線の細い音がする。このように、好奇心を誘う珍しい楽器が置いてある。利用者はこれらの楽器を自由に扱いながら、さまざまな擬音を楽しむようになっている。

ミュージックセラピストが定期的に来て障害者とともに演奏活動をする所もあるし、またシンセサイザーやオーディオ装置を設置して演奏したり歌ったりする所もある。もちろん、ただ単に好きな音楽を聴いてリラックスができるようにと、

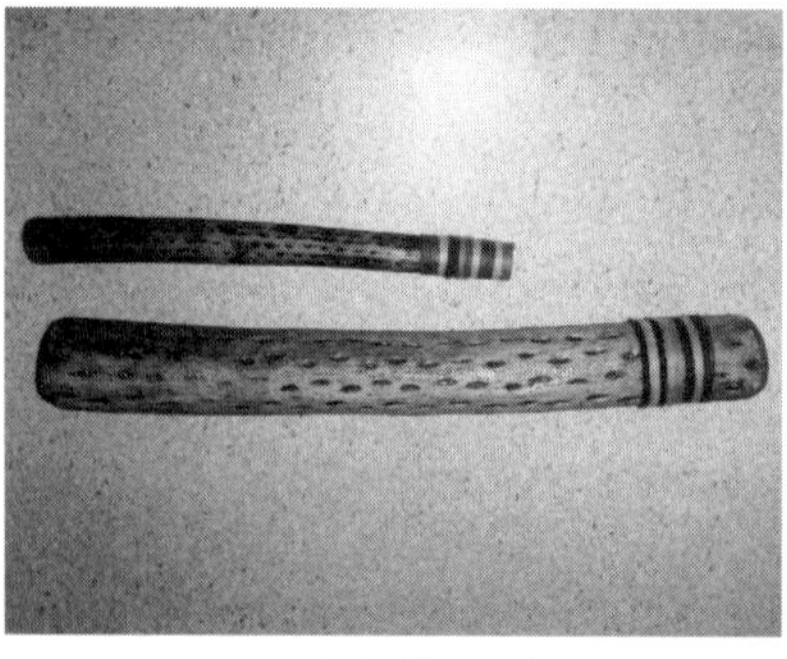

レインスティック

ボックスドラム（写真提供：コス・インターナショナル）

身体全体がすっぽりと埋もれるほど柔らかいクッションや椅子が置かれている所も多い。

　このように、積極的に音を体感したり実演したりすることが人間としての成長過程に多大な影響を与えるということについてはあえてここで述べる必要もないだろうが、スヌーズレンの音楽の部屋では利用する人のレベルに合わせて自ら音を感じていくというものだから、一般の人が楽しむ音楽とは非常に異なることを了承してもらいたい。

マッサージの部屋

　この部屋では、皮膚をマッサージすることによって血液の流れをよくし、皮膚全体の触感を刺激することによってスキンシップをも高めている。「マッサージ」と聞いて、パンをこねるような日本の按摩《あんま》を想像しないで欲しい。ここでいうマッサージとは、皮膚の感覚を呼び覚ます程度のものである。過敏に反応する人には手だけの部分マッサージを施すことによってその反応を緩和したり、逆に鈍感な人には触感を鋭くするために全身マーサージを施す。また、マッサージ効果を高めるために、そしてリラックスできるように、環境音楽とアロマセラピーを導入して精神的な安定が望めるラベンダーの香りなどを部屋に充満させている。

　このマッサージを受けることによってリラックスできるのはもちろんだが、これまでコミュニケーションがなかった人にも、皮膚が接触する力の強弱を認知することによって新しいコミュニケーションも生まれてくる。

ジャグジーの部屋

ここには、患者とアシスタントが数人同時に入れるほどの小さなプールかバスタブが置いてあり、温かい水に浸かって、泡圧やジェット気流を体感することによって身体の芯までリラックスできるようになっている。日本で流行っていると聞いているが、要するに健康ランドのジャグジー風呂である。シャボンを入れて泡立たせ、バスクリンのような香りのついた入浴剤を入れたりもする。周囲にはトロピカルな雰囲気を演出しようと観葉植物を置いたり、漁業用のネットや魚、船の飾りなどが飾っている場合も多い。シャボン玉が定期的に空から舞い降りるように、仕掛けのついた機器を天井近くに設置している所もある。

ジャグジー風呂

身体の一部分だけでなく全体にわたって得られる水の感触は、人間が感ずるもっとも基本となる快感である。つまり、胎児が子宮の羊水《ようすい》の中にいたような安心感が与えられる場である。

ハビリテーリングのスヌーズレン

それではここで、私が勤めるハビリテーリングセンター内に私がつくったスヌーズレンについて説明していくことにする。オランダ、イギリスで見てきたような大きなスヌーズレンをつくるまでには至らなかったが、私なりのアイデアでつくった「ホワイトルーム」と「アクティヴィティルーム」があるので、写真などを交えながら詳しく紹介していくことにする。ちなみに、当初において構想していた図面と完成した部屋はそれほど変わりはなかった。

ホワイトルーム

この部屋は、リラックスすることを第一の目的としてつくった。各施設でスヌーズレンがつくられているが、ほとんどの所にこのホワイトルームはある。担当者がスヌーズレンのコンセプトを知らずに製造に着手すると、珍しい機器や製品を購入するのが面白くてあれもこれもと購入してしまい、本来リラックスするための部屋が逆に刺激の多い製品で埋まってしまい、当初の想いとはまったく違う効果を出してしまう危険性もある。また、無駄な機器までセットにして販売している店もあるので、購入するときには注意が必要だ。肝心なのは、自分たちがつくるスヌーズレンはいったい誰を対象として、どういう目的でつくるのかということを充分協議して把握したうえで、その目標に向かって進むことである。

さて、私がつくったホワイトルームは、床は白っぽいベージュで壁も天井も白である。数人がゆったりと横になれるウォーターベッド、そしてそれは、障害児の体温が健常児と比べると低いため、それを補うために常時暖かくしてある。そのほか、一五センチはある太めの白いマットが部屋全体の三分の二を覆っている。

コーナーには三色に変化するライトのついたバブルユニットがあり、中の水は泡がブクブクと上がり、チューブ全体が振動し

ホワイトルーム

ている。その中には小さなオモチャの魚を六個入れてあり、まるで本物の魚が泳いでいるようにも見える。また、予算を削るためだったが、高価な一本のバブルユニットがいくつにも見えるように、壁のコーナー部分に鏡を取り付けて数本に見えるように工夫もした。結果論でいえば、この一本しかないバブルユニットは逆によい結果を生んだ。というのも、たくさんのバブルユニットを取り付けたスヌーズレンでは、泡の音やモーターの音がやかましくてほかの音響効果の邪魔となり、部屋全体の雰囲気を壊すということがあったからだ。

天井の一角には回転式のミラーボールがあり、それにスポットライトが照らされている。このミラーボールも、初めは回転が速すぎて困った。ディスコやナイトクラブで使用されているミラーボールなので、一般の観客を刺激するために回転が速くなっているのだ。スポットライトの回転が速ければ癲癇性の人を刺激することになり、最悪の場合は発作が起きかねない。販売員に何度も交渉して、何とか一番回転速度の遅いミラーボールを取り付けるのに成功した。

一方の壁からソーラープロジェクターによる光がカラフルな液体を通して反対側の壁にあたって光の輪をつくり、部屋全体の色がそれによって変化していく。この光をつくるためには、具体的な絵がプリントされた円盤を使用せずに、青、緑、透明の抽象的かつ流動的な液体のものを利用している。天井には、換気扇からぶら下げたメタルペーパーがスポットライトを反射して光の帯びをつくったり、同じようにぶら下げたクリスマスツリーのときに使う小さなミラーボールにも光が当たって星屑を散りばめたように天井に反射している。

ウォーターベッドに寝転がったままの障害児は、天井に写る星屑を眺めたり、揺れ動く光の帯びを追っている。その天井のコーナーには、触れれば翼が動く木製のカモメと、同じく触れれば清らかな音が出る風鈴がぶら下がっている。ベッドの横には、座ると隠れてしまいそうな丸い円筒状のクッションを置き、別なコーナーにはベッドとしても使える少し硬めの折り畳み式の白いソファも置いてある。

壁にはアロマセラピーができるように、陶芸の好きな同僚がつくったセラミックスのロウソク立てが掛けてある。ただし、これを使用すると香りが部屋中に残ることになる。次の利用者のことも考えて、通常は、香りのついたマッサージオイルを利用者の手の甲に一滴垂らす程度にとどめている。これだけでも充分嗅覚を刺激することはできるし、次の利用者に迷惑をかけることもない。

たったこれだけの質素なホワイトルームであるため、欲しい器具が次から次へと出てくる。しかし、リラックスということに固執している私は、この部屋には必要以上の刺激の強い器具は入れないようにしている。とはいえ、もちろんこれからも改良、改善の必要は常にあると思っているし、この部屋が決して完成品ではないということも付け加えておきたい。

アクティヴィティルーム

ホワイトルームに隣接してつくったアクティヴィティルームは非常に狭いのが欠点ではあるが、

それなりに好評を得ている。部屋の色は、濃い海の色であるブルーにした。床はベージュだが、緑青のフロアマットを敷き、別にコーナーには分厚い青いマットレスも敷いた。数人で入れるボールプールを設置し、壁からはサイドグロウの光るビニール線がボールプールに流れるように下がっている。虹色に輝くグラスファイバーがボールを浮き出し、きれいなライティング効果を出している。壁には、ヨットの帆に使っている白い生地を、同じくヨットの帆型に裁断して掛けている。つまり、ボールプールの中へ入れれば、まるでボートに乗っているような雰囲気が味わえるようにしたのだ。

コーナーには自然の要素を取り入れるために森から手ごろな枝を見つけ、それに小鳥の剥製と手製の巣をつけた。その下には、大き

アクティヴィティルーム

なボックスドラムやそのほかの楽器を置き、ボールプールとは反対の壁に、月形のライトと手製のサボテンにクリスマスのときに飾る点滅するカラフルなライトをからませて壁に取り付けてある。天井のコーナーにはミラーボール、それにスポットライト、そしてもう一つ、ブラックライトを取り付けて白い服やオモチャの輪郭が浮き出るようにした。その下には、蛍光塗料で光るオモチャやテニスのボールなどがぶら下がっている。

マットレスの上には、手製のクッションやぬいぐるみが置かれている。クモの形をしたおどけた柔らかいぬいぐるみの長い足には、米、豆、ボタン、鈴、砂、アルミ箔など多くの小さいものを入れて、足に触ると音が出たりするほか、触感の異なる工夫をして触れることに対して興味をそそるようにしている。そのほかには、雨の音がするレインスティック、触ると音がするオモチャ、振動を与えるオモチャ、倒すと中身が流れるアクリルの棒（きらきら棒）など、オモチャ屋でこれはと思うものを見つけてきてはそれを籠の中に入れておく。籠の中身に見向きもしない子どももいれば、すぐさまひっくり返してすべてのオモチャを出してしまう子どももいる。また、一つずつゆっくりと時間をかけて出しては丹念にそれを調べて見入っている子どももいるから、人それぞれである。

廊下

そして、前述した病院の共有スペースである廊下の壁には、ヘルシー用品でもある海綿、ヘチマ、ブラシ、タワシなどの触覚を誘発するものや、自分の顔が七変化する鏡も取り付けてある。色も鮮やかなカラフルな大きなスイッチのボタンを押せば、ラッパの音、拍手の音、流水の音、サーカスの音楽、馬、ニワトリ、牛などの鳴き声がするようになっている。また、さまざまなリボンやヒモが壁に掛かっていて、触れるだけでその感触の違いが分かるように工夫もしている。手で動かすだけでクルクル回転するオモチャや音が出たりするものを飾って、機能障害の子どもたちが、何度も見たり触れたがるような実験的な壁となっている（二八ページの写真参照）。

付設の台所

ここにはソーラープロジェクター、ステレオなどの機器を設置して、この部屋からライティング効果や音響効果の操作ができるようにした。ソーラープロジェクターの音はかなり大きく雑音となるために、この部屋に隠したのだ。ほかのスヌーズレンでは、このような部屋が隣接されていない所が多く、そういった所では雑音をなくすために機器を倉庫やクローゼットに隠したりしている。

大切なのは、このスヌーズレンを利用するアシスタントや家族が、これらの機械を簡単に操作ができるようにすることである。たくさんの人が触れると、当然、機械は壊れやすくなる。それを避けるためにも、操作が簡単であることが望まれる。私は電気技師の助力を得て、スイッチ一つですべての電源が切れたり、できるかぎり多くの機械が作動するように工夫をしている。こうすると、利用者も利用しやすいし電源の切り忘れもなくなる。

以上、ハビリテーリングセンターにあるスヌーズレンの様子を紹介したが、最近は見学に来る人も多くなったし、実際に利用する人も後をたたない状態だ。多くの人が予約をして、週に一回一時間ほど利用している。利用する患者は、軽度から重度の身体障害者、知的障害者、自閉症者、そして拒食症をはじめとする精神科の患者などと広範囲にわたっている。また、家族で利用する人、特別保育園や特別学校から通って来る人、グループホームの人、小児病院に入院している人などさまざまである。

◎スヌーズレンの概念

繰り返しになるが、ほとんどすべての子どもは、人間が本来もっている基本的な能力を身に着けて生まれてくる。しかし、何らかの障害をもって生まれてくる子どもは、自己の感覚を自由に操る術《すべ》に欠けている。その欠けている感覚器官に適度な刺激を与えて補うということは、大脳へと伝達されて認知する神経系の働きを促すことになり、成長発達の促進にもつながる。障害があるゆえに常に受け身となる子どもをそのまま放っておけば、感覚器官はより麻痺して退化してしまうことにもなる。人工的に適度の刺激を与えることによって、麻痺している感覚を覚醒させる可能性は決して小さなものではない。

重度の知的障害者の行動を見ると、常人には考えられないような行動をしている光景によくぶつかる。片手で頭を叩いたり、座ったまま身体を長い間前後に揺すり続けたり、クルクルと回るオモチャに興味をもっていつまでもそれを凝視していたりする。一般ではそれらを病的な行為と見なしているが、本人はその行為をしているときにはいたって平穏な表情をしている。しかし、その行為を禁止させたり抑制したりすると、彼らの精神的成長に歪みが生じるのか、これらの行動がより激しくなる。自己の発達レベルで安心して過せる環境を設定することによって彼らの行動を肯定し、さらにそれ以上の刺激を与えることによって、あるいはその行為の代わりとなる刺激を見つけることによって正しい成長を促すことができるのではないかと、私たちはさまざまな実験をスヌーズレンで繰り返している。


余談だが、ピアノを習っている人は、毎日の練習から演奏技術を修得していって上手に弾けるようになっていく。しかし、手および指の訓練だけをしていたのでは機械的な音は出せても人の心を打つ素晴らしい演奏はできない。やはり、周りの環境に何らかの音楽的要素が含まれ、好きな音楽を聴き、目でテレビの音楽番組を観、コンサートに行って音楽というものを体感し、人間的な感性を育て上げて初めて感情移入ができる素晴らしい演奏が生まれてくると思う。

言ってみれば、スヌーズレンも同じ原理である。従来の治療や訓練方法では、欠けたり劣っている部分だけを対象として治療や訓練を集中的にしてきた。手の機能訓練、歩行運動、聴覚訓練、視覚訓練と、障害のある部分だけに集中して治療を試みていた。しかし、スヌーズレンでは、すべての感覚を含めた環境設定をすることによって、聴覚、視覚、味覚、触覚、知覚、嗅覚、運動感覚などすべての感覚が初めて統合したコンパクトな形の刺激として与えることができる。しかも、誰もが楽しみながら訓練の一環としてその感覚を身に着けていくことができるので、たとえば学習機能障害児にとってはある意味で完璧な、面白い教育の場となりえる。だから、障害があるがために劣っている、あるいは眠っている感覚を覚醒させるために環境をセッティングしてあげることが私たち療法士の役目ではないかと考えている。

「環境をセッティングする」と一口に言っても、どういうことなのかが簡単には分からないと思う。百聞は一見にしかずで、すぐにでも本書を読まれているあなたをスヌーズレンの部屋に連れていって体験をさせてあげたいと思うのだが、残念ながらそれはできない。そのために、私はいろいろな分かりやすい説明方法を考えた。非常に妙なたとえなのだが、これこそスヌーズレンを象徴しているのではないかと思えるので以下に紹介する。

あるニュースキャスターが、乗客約二〇〇人すべてが犠牲となった飛行機事故を伝えるニュースの中で、その人数の多さと存在感をいかに表現すれば視聴者に伝えられるかということを考えた。つまり彼は、事故で亡くなった人たちのことをただ棒読みして報道するのではなく、事の重大さを感覚的にアピールする方法を考えたわけだ。そして、彼が考え出したのは、乗客と同じ人数分の靴を揃えて体育館に並べることだった。
その靴は、乗客と同じ年齢の人が掃く靴が用意され、女性の靴もあれば若者の靴もあり、子どもの靴も混じっていた。もちろん、新品ではなく使い古した靴である。暗い体育館に並べられた夥しい数の靴が妙にリアリティを高め、亡くなった人々の顔までが映し出されたかのようであった。さらにニュースの中では、飛行機のエンジンの爆音を音響効果として利用し、体育館いっぱいに低く轟かせることで床やガラス窓を振動させ、さらに臨場感を高めた。いつもは他人事のように聞き流すニュースが、この映像によって、ニュースを見ていた人々の身体中に重い悲痛な空気が貫かれたのは言うまでもない。亡くなった約二〇〇人という人数がただの数字として映らず、並べられた靴がそれぞれの年齢や好みさえをも表現し、事故の悲惨さをより克明に伝えることとなった。

私が強調したいのは、この感覚的効果である。さらに同じようなことを、核爆弾や戦争反対のデモンストレーションで人々はしている。たとえば、広島やストックホルムでは、原爆投下された同じ時刻に人々が広場に集まってきて、次々と横たわって死人を装ったりしている。目の前に広がる群衆の夥しい数の仮の犠牲者からは、戦争の恐ろしさを伝えるパワーが伝わってくる。また、日本にその昔からあるお化け屋敷なども恐怖を体験できる環境設置である。恐ろしい音響効果をバックに、お化けに驚かされたり、冷たい風に触れて鳥肌をたてたりして奇声を上げた人もいるだろう。言ってみれば、このような環境設置がスヌーズレンの原理だと考えてもらってよい。

しかしこれらの例は、スヌーズレンとは逆の、異様さ、恐さ、不気味さ、不安さ、驚愕などの感覚体験である。実際のスヌーズレンでは、これらとはまったく逆の安心感、快感、安らぎなど、ポジティブな感覚を体感できるように工夫されており、楽しい心地よい環境設置がなされているし、またそうでなければならない。スヌーズレンの中に設置されたそれぞれの機器は、常に利用者に好感をもたらし、満足度の高い効果を与えるように工夫されている。

イギリスの作業療法士キューイン氏の言葉を借りて説明すれば、一人でレストランへ行って食事をするとすれば、そのレストランの雰囲気を味わうよりも単に空腹を満たすという行為に専念してしまう。しかし、好きな人と一緒に行けば、レストランそのものの雰囲気を数倍楽しむこともできるし、いただく食事も数倍美味しくなる。それと同じで、スヌーズレンでは一人で楽しむよりは心の許せる親しいアシスタントやセラピスト、両親などとともに同じ環境下で過ごし、その空間を共有することによって数倍楽しむことができるというのだ。スヌーズレンという環境を設置することも大切だが、この環境の中でともにひと時を共有するという行為もスヌーズレンのコンセプトの中では非常に重要な役割をもっている。

発語のない知的障害児や重度重複障害児が、特定の環境の中で周りに対して反応し、ある刺激に特定の反応を示したりするその反応は「イエス」でも「ノー」でもどちらでもよい。介護者は、このオモチャは面白いのだろうか、このクッションは気持ちがよいのだろうかと一人ひとりの子どもの目の表情、しぐさや音への反応を見ながらその子どもがもつ独自の表現方法を学んでいく。何度も同じ場所で同じものを選んで同じ反応を重ねるのを見ることによって、その子どもが首を振るしぐさが嫌悪を表すのではなく喜んでいるのだと分かったりする。このような一つ一つの体験と観察の積み重ねが、発語のない障害児とのコミュニケーションを膨らませていくのである。表情や声の質を変えることによって子どもが発信するシグナルの数も増え、それによってコミュニケーションもより有意義なものになってくる。とりあえず、二人だけが共有しているコミュニケーションではあるが、その内容を周囲の人たちに知らせることによって、その子どもの感情やパーソナリティをよりたくさんの人に理解してもらい、さらにコミュニケーションの輪を広げていくことができる。

障害者自身が自ら興味ある対象物を選び、自ら物に触れ、調べ、音を聞き、付き添いの指図を受けないで自分にとって必要な時間を使って周囲のものを学習することができる、そんなスヌーズレンの部屋。できないことを無理やりさせられるのではなく、できることを飽きることなくやり続けられ、成長していける部屋。このような空間では、セラピストやアシスタントを障害者の指導者とはとらえないほうがよい。障害者と同じレベル、同じ世界に自らが踏み入込んでいくことによって、そして同じ世界を共有し共鳴することによって理解を深めることができ、新しいコミュニケーションの切っかけを生み出し、ともに成長していくことができるのだ。

たとえば、障害者がアクティヴィティルームでマラカスという楽器を手に持って見ている。何度も何度も見ている。それを、次第に揺らしたり投げたりしながら見ている。ついには、マラカスを自分の頭にぶつけたり、近くにある太鼓の上にぶつけたりして音を出している。指導者は同じようにマラカスを揺さぶり、ぶつけて試してみる。それに反応する障害者は指導者と同じことをするかもしれない。あるいは、自分が揺さぶったマラカスに対して指導者の反応を待っているかもしれない。それにこたえてあげることによって、指導者との間に何らかの些細なコミュニケーションが生まれる。さらには、障害者がマラカスをボールプールの中へ投げ入れてしまい、それを指導者が探して取り出してくる。するとまた、障害者はマラカスをボールプールへ投げ入れる。何度も何度もそれを繰り返し、今度は指導者がマラカスをボールプールへ投げ入れる。すると、障害者は指導者がしたようにそれを探し出して取ってくる。このように、新しいコミュニケーションが行動を通して生じてくる。やがて、興味の対象が同じように音を出すタンバリンに移動するかもしれない。そして、タンバリンを揺さぶり、ぶつけ、叩いて音が出るということを学習していく。

指導者もこのように、障害者と同じ立場でマラカスやタンバリンの音を聞き、揺らして同じ空間を体験するのである。そして、彼らの行動を邪魔しないでともに学習していく姿勢をもち、辛抱強く待って観察することがこの場合の指導者の役目となる。つまり、非指導的な介入のみに徹するのだ。このように楽器一つを楽しく経験してもらうためにも、またコミュニケーションをとるにも、障害者に必要な時間をたっぷり与えてともに学習していくことが重要である。

そのほか、五一ページで述べたような重度の知的障害者が示す異常行為の代わりになるようなものを豊富に取り揃えておくこともスヌーズレンにとっては重要である。たとえば、ある人が自分の指を目の中に押し込むような異常な行為をする場合がある。いくらきつく叱っても、またなだめても、その行為を止めようとはしない。この人は目を押すことで何らかの刺激が欲しいわけで、それに代わる刺激を見つけることができればその危険な行為をやめさせられる可能性があるわけだ。

スヌーズレンには、視覚を刺激する機器もたくさん置いてある。一〇〇本ものサイドグロウが壁からぶら下がっていたり、無造作にマットの上に投げ出されていたりしていて、その中を色も鮮やかな光が通っている。それをこの人が手にとって目にかざせば、光の流れを視覚に感じとることができ、これが指の代わりとなって目を痛めなくて済むようになる。また、頭をゴツゴツと自らの手で叩くという行為のある人は、ホワイトルームでリラックスしながら環境音楽のバイブレーションを身体全体や頭に感じることで自虐行為の代わりになる可能性も高い。あるいは、ヘッドフォンから流れるロックのリズムによって自己損傷を阻むことができるかもしれない。

それ以外にも、服を脱いで常に裸でいようとする人には肌に直接触れる冷たいクッションが必要なのかもしれないなど、それぞれの症状にあった対応を模索していくためにもスヌーズレンの機器を豊富に取り揃え、いろいろなことを試してみることができるように準備しておくことも必要である。

同じように片側麻痺などの軽度の障害児童の場合は、アクティヴィティルームで遊びながらマットレスの階段を上り下りしてバランス感覚や運動能力を養っていくことができる。柔らかい滑り台をゴロゴロと転び下りながら方向感覚を体感したり、小さいボールがいっぱい入っているボールプールの中で戯れて恐れずにバランスを崩したり、逆にバランスを保とうと努力することなどで身体の基本的感覚を修得していく。感覚統合訓練と称しなくても、スヌーズレンの中で遊びながら自然に体得していくことができるし、また精神的にリラックスした状態で身体を動かすことができるため、筋肉の硬直を一時的ではあるが緩和することもできる。非常に便利で楽しい部屋だといえる。

そのほか、学習障害の子どもたちはホワイトルームを活用することで身体全体をリラックスさせることができ、それによって体内の自覚器官を統合しやすくなり、集中力が高まってきているとして評判もよい。集中力が持続するかどうかとなればまだまだ科学的にも立証されていないし問題も残るが、実際にスヌーズレンを利用している教師が言うには、スヌーズレンを利用することによって学習障害の子どもたちにポジティブな傾向が見られるようになったと好評なのだ。

これらのことを聞くと、スヌーズレンはまるで新種の治療メソードのように思われるかもしれないが、これはあくまでも治療と並行して行われる補助的なものでしかない。とはいえ、非常に有意義なものではある。これらの効果を得るためにスヌーズレンを一つでも多くつくることが望まれるが、資金さえあればあまりにも容易につくれるためにそれを利用する目的を見失いがちにもなる。よって、慎重に取り組む姿勢が必要となる（一八二ページより参照）。

「イギリスのスヌーズレン」（一一一ページ）のところで紹介したイギリスの作業療法士でもあり、アッシュ・グリーンセンターの所長でもあるジョー・キューウィン氏が一九九八年に日本を訪問したとき、奈良市にある「関西学研医療福祉学園」と「PR-INTER」（巻末を参照）の共同主催でスヌーズレンのセミナーを開いた。そのとき私も同席していたのだが、そのセミナーでジョー・キューウィン氏は次のことを強調していた。

「スヌーズレンを利用していると、患者と介護者との信頼関係、連帯感、平等な相互関係が促進されていきます。壊れかけた親子関係などを、日常とは違う楽しさや喜びが与えられる環境の中で、誰からの指示もなくリラックスした状態で共有することによって楽しい会話が生まれたり、破損しかけた関係の修復ができたりするのです。基本感覚をあらゆる角度から刺激することで、彼らの感覚や知覚能力を発達させられます。また、ストレスを軽減することによって、患者が往々にして内側に向いてしまう感情を外側に向けて発散させるなど、幅広い展開が得られます。スヌーズレンを利用する人のくつろいだ様子や自主的にオモチャを選ぶ行為など、日常生活では見逃しやすい小さな表情や行為をふと介護者が発見したり、時間をかけて観察することによって新しいコミュニケーションの方法が生まれたりします。そして、何といっても主体的になれるという充足感が得られるのです。スヌーズレンを通じて介護者やセラピストたちの治療の手応えや達成感も得られ、楽しさを味わうことができるのです」

確かに、何らかの進歩を期待して訓練しているのに、何の変化もない状態が長く続くとスタッフは失望しやすくなる。しかし、このスヌーズレンでは、指導者自身が利用者と同じレベルで同じ環境を共有することが目的となっているので、何かを期待するということもなく、リラックスした雰囲気の中で過しているうちにふと新しい発見をしたりして驚いたりするのである。たとえば、視線を合わせないと思っていた重度の障害児がじっと天井の動く光を目で追っていたり、振動するバブルユニットが身体に触れると穏やかな喜びの仕草をしたりするのだ。指導者にとっても、このうえない施設であるということが分かっていただけると思う。

しかし、何度も述べるが、従来の訓練もそれなりに必要で、それらを放棄してこのスヌーズレンだけでよしとされては困る。スヌーズレンは、従来の訓練の代わりには決してならない。あくまでも訓練を補充するものとして、また個々の感覚情報を受容処理して統合させていける場所として、本来の訓練と並行して利用できれば最高の治療効果が得られると考える。

第3章

スヌーズレンの利用実例

移送タクシーでスヌーズレンへ

小頭症で自閉症のマルクス

マルクスが私のところへ現れたのは、まだ小学一年生の特別学級が始まったばかりのときであった。身体的障害もなく自由に歩き回れるマルクスは、一見するだけでは健常児となんら変わらない。両親は両方とも現役の弁護士で、多忙な日常ではあるが、マルクスのこととなると当然心配でならない。七歳のマルクスは発語もなく、言語療法士が教える手話もなかなか覚えられないでいた。両親は、学校に通い始めたマルクスが鉛筆を握らないので手の機能が劣っているのかもしれないと思って、その機能評価のためにハビリテーリングセンターの私のもとにやって来た。

早速、私は手の機能評価を基本として検査してみたが、握力が少し弱いかなという以外は、指や手の動きになんら障害は見られなかった。知的能力が遅れている子どもは、それに比例して運動能力も遅れているのが普通である。しかし、私は手の機能を心配するよりも、検査中、視線を合わせようとしないで身体をユラユラ揺らせて自分の世界へ入り込むという、彼の自閉症傾向のほうが心配だった。私は結果を報告すると同時にそのことを両親に告げ、治療の一貫としてスヌーズレンを利用したいと伝えた。それから週に一回、マルクスは学校専用のアシスタントとともに私のところへ訪れるようになった。人にもよるが、マルクスの場合はスヌーズレンを利用できるのが一時間である。青い大きな瞳に、とんがり気味の鼻や口元はかわいい小鳥を想像させる。

スヌーズレンの入り口で私は、ADL（日常の作業訓練）も兼ねてマルクスに上着と靴を脱ぐように指示する。すべてをアシスタントに頼っていて自ら行動をしようとしないマルクスにとっては、この私からの要求はかなりショックの大きなものであった。固く結ばれた靴紐やジャケットのボタンやファスナーはもちろん手助けをするが、それもマルクスが私に助けを求めた場合だけである。自分ができないことを認知し、人に助けを求める意思表示をするのも大切な学習である。なるべく、自主的に物事に取り組むように仕向けたのだ。これだけでも、最初のうちは結構時間がかかった。

何回かスヌーズレンを利用するうちにここに入るのが面白いと分かったマルクスは、意外と早くこの上着と靴を脱ぐという行為をクリアした。しかし、難しいのは、スヌーズレンで遊ぶのが終わって帰宅をするために上着を着て靴を履くという行為である。「上着を着なさい」と促しても、すぐに廊下にぶら下がっているオモチャに手が伸びるか、あらぬ方向に見入ってしまってその行為を中断してしまう。何度「着ようね」と促してもその行為には移らず、上着や靴が魔法のように自動的に身に着いてくれるのをマルクスは待っている。これには、さすがの私もかなりの忍耐力を必要とした。結果的に、マルクスが着衣ができるまでには一年ほどの時間がかかった。

マルクスが利用していたスヌーズレンはアクティヴィティルームだった。初めて部屋の中に入ったマルクスは、目を見張って一瞬たじろいだが、それからすぐにボールプールへ入ったり壁に掛かっているオモチャに手を伸ばして触って調べ始めた。もちろん私は、彼の好きなままにさせて、その後について彼の真似をしていった。マルクスがボールプールへ飛び込めば私も同じように飛び込み、マットレスの上を這えば私もそれに従った。マルクスの発達レベルに合わせ、彼の目線で物事を見てみようと同じような動作を試みたのである。たとえ週一回でも、回を重ねるごとにマルクスは活発になり行動範囲も広がり、次々と新しい試みにチャレンジをしていった。スヌーズレンを利用し始めて数回目、私が後を追っていることに気がついたのか、振り返っては私が追いつくのを待つようになった。

マルクスがする中途半端な手話も初めは読解するのに苦労したが、回を重ねるごとに簡単なことは分かるようになってきた。部屋に流れている音楽が止まると、それを察知して、五本の指を空中に動かして音楽が止まったことを私に知らせる。また、光の色が青に変化したときは、しきりに自分の目を指さして青色（目の色がブルー）を強調していた。そのほか、スヌーズレンの時間が終わりに近づくと、片手を頬に当ててもっと遊びたいと知らせるなどの表現が見られた。そして、何といっても一番の変化は、一瞬ではあるが、私に会うたびに嬉しそうに視線を合わせるようになったことである。

半年が過ぎたころ、マルクスの学校でのミーティングに私も呼ばれた。特別学校とハビリテーリングセンターは、子どもを中心にしたハビリを行うためにお互いが協力しあっているのだ。だから、子どもが通っている学校にはしばしば訪れて、教師との相談、子どもの訓練、ミーティング、補助器具を提供するなどの出張サービスをしている。このときは、保護者も一緒のミーティングであった。その際に、体育の教師がマルクスの運動能力の進歩を教えてくれた。彼女の報告によると、マルクスはバランスをとって低い平均台が歩けるようになったし、かつてはボール遊びなどはしなかったのにそれもするようになったという。さらに驚いたのは、マットの上で前転ができるようになったということだ。

実は、私はその結果に対して何ら不思議に思うことはなかった。というのも、すでに述べたように、マルクスはアクティヴィティルームでボールプールに頭から飛び込んだり後ろ向きに転がったり、柔らかいバランスの悪いマットレスの上に立って歩いたり這ったりして、思いっきり遊んでいるのを毎週見ていたからだ。手の機能にしても、ボールを投げたり転がしたり、オモチャを自由自在に操っているのを見ている。きっと、スヌーズレンで培った自信が体育の時間に無意識のうちに現れたのだろう。このスヌーズレンで体得した効果は科学的に証明されているわけではないが、マルクスがこのようにスヌーズレンを利用することを喜んで、彼の成長および発達について何らかの効果があったのは確かである。

このマルクスとは二年間にわたってスヌーズレンを利用してきたが、その間、彼は同じ部屋をずっと利用していても飽きなかった。先にも述べたように、新しい遊びを次から次へと自ら工夫して自分なりに楽しんでいた。音が出る同じ大きさのボールをボールプールの中に投げ込んで隠し、その後、そのボールを音だけを頼りにして探し出したり、壁に映し出されているスポットライトの光を、利用し始めて一年後に発見をしたり、またその色が自分の好みの青色に変わったりすると手を叩いて喜んだりした（実は、このスポットライトは、プロジェクターからの光がミラーボールに反射して壁に映っているだけなのだが）。それ以外には、彼の成長レベルに合ったオモチャをカゴから出して遊んだり、興味をもった小さな動きをするオモチャを飽きもせずに長い間見ていたりした。

自閉症の子どもが嫌う特徴としてスキンシップがある。これを、マルクスもずーっと拒んでいた。視線を合わせないだけでなく、握手をしたり頭を撫でたり、挨拶代わりの抱擁もマルクスは拒否していたのだ。しかし、スヌーズレンで始めた私との鬼ごっこが楽しくなったようで、それにつれてスキンシップにも慣れてきた。最初は、私に鬼役をやらせて当人は嬉々として逃げ回っているだけだったが、しばらくしてからは、マルクスの腕をつかまえて二人でボールプールの中に転がり込んだりもした。しばらくして、今度はマルクスに鬼役をするように仕向けると、最初は私の腕に触ることもできなかったのにやがて私の着ている服の袖をつかまえるようになった。スキンシップを拒否していたマルクスが、今ではちゃんと私の腕をつかまえて自分の行きたい所まで私を連れていくまでになったのだ。

脳性麻痺（CP：Cerebral Palsy）のリーヌス

四歳になるリーヌスは先天的片側麻痺で、身体の右側の部分がスムーズに動かない。といっても、彼の場合は軽度で、歩く場合に足を少し引きずるのと、何らかの行動をしようとしたときに、右腕や右手の筋肉が緊張して思うように動かない程度である。彼のハビリは、高齢者など脳血管障害の回復期にするリハビリとは異なり、片側が麻痺した状態でこれからの人生を過し、また成長していくための訓練である。理学療法士が行う基本動作の運動訓練とともに、作業療法士としては、リーヌスが幼児からたくましい少年へと成長するために必要とされる日常作業の応用動作を訓練している。障害が理由なのか保育園ではとかく消極的で、ほかの子どもが一緒になって遊んでいてもそれになかなか加わろうとしない。身体的な問題が多少はあるものの、遊びに参加できないほどではない。だから私は、身体的な障害をもっていてもいくらでも遊べるということを知らせるために、リーヌスをスヌーズレンへ案内した。

アクティヴィティルームに入ると、ほとんどの子どもがそうであるように目を見張る。かなりの時間をかけて部屋の中を観察していたリーヌスだが、ファーストフードの店にもあるボールプールを知っていたのか早速その中に入った。そして、バランスを失っていきなり転ろんでしまった。ボールに埋もれているリーヌスを笑いながら引っ張り上げると、彼も同じように笑っている。それからは、わざと転んでは私に引っ張り上げられるという行為を繰り返した。やがて、私が引っ張り上げるのをやめるようになると、怒りながらも自分で上がる方法を覚えた。また、ボールプールに私が寝転がると、上からボールをかけて私の身体を隠すようにもした。片手だけのためにもどかしいのか、動きづらい右手も使ってボールを掻き回している。お返しに、私もリーヌスをボールの中に埋めたりもした。

ボールを転がしたり投げたりと、次第にリーヌスも活発になる。不自由な片側のことも忘れて夢中で遊んでいる。両親、保育園の教師、ハビリテーリングセンターのスタッフが、これまで何度もリーヌスの訓練をしてきた。少しでも麻痺がなくなるように、少しでも腕や足がスムーズに動くようにと、いろいろな運動メソードを利用して訓練をしてきた。藁をもつかむ思いだったと思う。ただ、みんなの熱心さがゆえにちょっとした「遊び心」が失われていたようだ。

スヌーズレンが、それを思い出させたようだった。リーヌスはアクティヴィティルームで思う存分遊んだ。右側が少々動きづらくても、曲がっていても平気である。倒れても、転んでも、柔らかいクッションやマットレスが彼の身を守ってくれる。ボールプールで飛んだり跳ねたりしても痛くない。とにかく面白い。プールの中の色とりどりのボールは、リーヌスとともに飛び跳ねる。大きな太鼓をドンドン叩いても叱られない。籠に入ったオモチャも友達に取られることなく、誰にも邪魔されないでゆっくり遊べる。まさしく、リーヌスだけの世界が広がったのだ。

何度もスヌーズレンを利用してリーヌスが自信をもって遊べるようになったころ、私はリーヌスの友達である保育園の園児を一人スヌーズレンに連れてきた。勝手を知るリーヌスは、初めから積極的に動き回る。一方、園児のほうは珍しい部屋に連れてこられて最初は戸惑っていたが、そのうちにリーヌスが飛び込むボールプールへ一緒に入って遊び始めた。それからというもの、二人は時間を忘れるほど遊んだ。何度かこのようなことを繰り返していると、リーヌスも遊ぶことに自信をもち始めたのか、ほかの友達もスヌーズレンに連れてくるようになった。そして、その自信は保育園での生活にも現れ始め、以前よりもはるかに積極的に友達の輪の中に入るようになり、友達も彼を受け入れ始めた。その結果、スヌーズレンを利用する回数は少なくなったが、ここでの体験が大いなる自信となって彼の記憶の中にあることは間違いない。

知的障害のあるチャディ

チャディは重度の知的障害児である。非常に珍しい病気なのだが、簡単にいえば、新陳代謝に必要なある栄養素が謝って脳を破壊してしまうという病気なのだ。その栄養素が何なのかが分かるまで彼の脳は破壊され続けた。はっきりとした原因は現在も分かっていない。食事制限をして、グルタミン（glutamine）や乳製品を使わない特別食を現在は食べており、それによって健康が維持されている。保育園でも特別な食事が与えられており、もちろん、それを彼は文句なしに食べている。

身体的な障害はまったくない。チャディの行動は、自閉症の子どもによく似ている。言葉を理解することも表現することもできない。とにかくじっとしていない。喜んだり、怒ったり、興奮すると両手を口元でヒラヒラさせたりして、その手を噛んでしまうこともある。物を手当たりしだいに投げるので目が離せないし、そのために壊れたオモチャは数え切れないぐらいである。高さを認知する感覚がなく、階段の上り下りを異常に恐がり、また歩道などの石畳のブロックのつなぎ目などに黒い線があると、そこが階段のように見えるのか越えることができない。だから階段に関しては、両親や保母さんが彼を抱いて上り下りをしていた。

疲労困憊となっている保母さんの要求で、彼が少しでも椅子にじっと座っているようにと思って私は固定用ベルトを椅子につけた。チャディは、このベルトで拘束されることをしばらくの間は認め、またその固定されている時間が彼をリラックスさせる時間ともなった。常に身体を動かせていないと気がすまない彼が、拘束されることでほんのひと時の安らぎの時間を得たのだ。固定するといっても今ではベルトを緩く腰に回しているだけだが、それでも本人は固定されているように思えるらしくおとなしく椅子に座っている。

もちろん、このまま一日中、彼を拘束しておくわけではない。しかし、母親が煮えたぎった鍋などで料理をしている間、危険のないように彼を椅子に拘束することは彼にとっても安全だし、母親も安心して料理に専念することができる。

自閉症の子どもの行動範囲が広すぎる場合は、往々にしてこのような処置を我々はとらざるを得なくなる。何の拘束もしなければ、彼らは弾ける水のごとく飛び出してしまう。行動範囲を狭めることで、安定した行動が生まれることもあるのだ。また、枠があるということが彼らに精神的な安心感も与える。自閉症の子どもがパソコンやテレビという小さな画面に集中できるというのも、これらを証明している。

私は、チャディをスヌーズレンに連れていった。地下に下りる階段を避けるために初めはエレベーターを使ったが、上るときは階段を一緒に上がっていった。手をしっかりとつないで上がっていく。しだいに、手を放しても自分で手すりを持って上がれるようになった。それから、時間はかかったが、スヌーズレンを利用したいのか階段を下りるということも克服していった。

彼に提供したスヌーズレンも、安心して動けるアクティヴィティルームであった。彼が自分なりに思う存分遊べる空間が必要だと思ったからだ。壊されるオモチャを彼の身の周りから外してばかりいたのでは、オモチャや道具を使って遊ぶことを覚えない。耐久性のあるオモチャが常備されているこの部屋は、彼にとってちょうどよい遊び場となった。

チャディは、珍しいものを見るように、目だけをキョロキョロ動かせて室内の様子をしばらく眺めていた。まるで、大きな瞳がレーダーのようだ。何かを察知したのだろうか、指は口元で頻繁に動いている。すると、嬉しそうな表情が顔に出た。ボールプールを見ている。自ら行動することができないのか、突っ立ったまま手や指を動かすだけで前に進まない。背中をそっとボールプールのほうへ押してやると、弾かれたようにマットの階段を上って入っていった。私も、その後についていく。

中に入ってからのチャディは、精力的にボールを掻き混ぜては嬌声を上げていた。太鼓を叩いてその振動を体感し、オモチャを籠から全部出したり入れたり繰り返していた。同じオモチャを今度は投げるが、クッションやマットレスの上にドスンと鈍い音を立てるだけで壊れない。たくさんのオモチャの中から気に入ったものを出して遊ぶという自主性にこれまで縁のなかったチャディに、初めてオモチャを自ら選ぶという機会が与えられたわけだ。長いチェーンに鈴のついたオモチャを、両手でしばらくクネクネと回して遊んでいた。やがて、時間が過ぎてアクティヴィティルームを出るときに散らばったオモチャやボールを片付けるのだが、そのとき、チャディの手を取ってオモチャやボールを一つ一つ拾わせた。しかし、チャディは拾ったものをまた投げる。そして、何も言わないでまた拾わせる。その繰り返しで片付けることを学習した。

自宅の彼の部屋には何もない。カーテンすらかかっていない。すべて壊すし、危険だから何も置いていないのだ。寒々とした空間でしかない彼の部屋に、頑丈な家具と、壁からは耐久性のあるオモチャをぶら下げて、たくさんのカラフルなクッションを置いたらよいのにと思う。

保護者と保育園とのミーティングのときに、そのことについて話したことがある。ドアに特別な鍵をつけたり、火事にならないようにレンジの主用電源をスイッチ一つで切れるようにしたり、逃亡癖のある子どもが逃げないように垣根を造ったりという障害者を対象としたすべての住宅改造は、スウェーデンの場合、作業療法士の証明書さえあればコミューンが無料でしてくれる。当然、チャディの場合も住宅改造ができ、そのためのいろいろな援助が受けられるのだ。しかし、家族は、今住んでいるアパートを引っ越して一軒家を買いたいと言う。つまり、いくらスウェーデンとはいえ、一度住宅改造をしてもらうと二回目からはなかなかその許可が下りない。だから家族は、適当な一軒家が買えるまで住宅改造の申請は待つと言っているのだ。

自閉症や知的障害者をもつ家族は、いやすべての障害者をもつ家族は、障害をもつ子どもだけではなく兄弟姉妹のことも同時に配慮してあげなければならない。兄弟姉妹が障害をもつ子どもに邪魔されないで自由に遊べる空間を確保してあげ、精神的なサポートをしてあげる必要がある。とくに、自閉症児など行動範囲がコントロールできない兄弟姉妹の部屋には、逆に入れないように特別の鍵をかけてあげたり、積み木をして遊んでいても邪魔されないように囲いをつくって保護をしてあげるなどの工夫が必要になってくる。だから、チャディの両親は一所懸命お金を貯めて一軒家に引っ越そうとしている。そして、その一軒家が手に入るまで、チャディは何もない部屋で一人眠ることになる。

スヌーズレンでは、こんなチャディが思いっきり遊べるのだ。たくさんのオモチャの中から気に入ったものを選び、身体をフルに動かして遊べる。エネルギーのあり余ったチャディが、唯一そのエネルギーを発散できる場所なのだ。スヌーズレンに早く入りたい一心で、私のズボンのポケットにある鍵束を取り出そうとするチャディ。そして、その中の一つを鍵穴に入れようとするが、まだどの鍵がスヌーズレンのものか分かっていないし、なかなか鍵穴に刺し込むこともできない。もちろん、今後の課題の一つであるが、微笑ましい瞬間だ。

重度重複障害児のデデとアービド

デデは五歳になる男の子で、意識があるかないかさえ分からない重度重複障害児である。言葉もないし、視点の安定しない大きな黒い瞳をパッチリと開けているだけである。両親はソマリア（アフリカ大陸東端）からの移民で、真っ黒い顔の中に白眼だけがキラキラ光っている。抱いてもまるでタコかイカを抱いているような感じで、腕からずり落ちてしまうようだ。このようなデデには、ホワイトルームを利用した。

ウォーターベッドにデデを横たえてそのそばに私も横たわり、呼吸を合わせながら天井を見上げる。ベッド内の水温は少し高くなっており、服を通して肌まで暖まってくる。私は持ってきたオレンジの香りのオイルをデデの腕に垂らして、皮膚の表面だけを撫でるようにマッサージをすると、細い褐色の腕に光沢が増してくる。デデは、頭を左右に少し動かしながら天井を見上げている。手についたオイルをほっぺたや唇の上に塗ってやると、香りがするのか動きがふと止まる。そして、やがてまた動き出す。私の身体の位置を変えると、ベッドの波が伝わってデデの身体が動く。天井に輝く星の光が瞳に反射しているのかどうか分からないが、頭の動きが小さくなってやがて止まる。しばらく、そこにじっとしている。そばにある白いクッションをデデの周りにうず高く重ねて、彼を抱えて時間いっぱいそこで過したり、デデをバブルユニットのそばに横たえて、その振動を身体いっぱいに感じさせることもある。

もう一人の重度障害児を紹介しよう。アービドは生まれつき四肢麻痺で発語もないが、話しかけたり本を読んであげたりすると、ごく普通に目や表情で反応する。彼の好きな歌などを歌うと、全身をクネクネと揺らしたり、時には身体をこわばらせて喜ぶ。

彼は、このセンターのホワイトルームもアクティヴィティルームも大好きである。ホワイトルームではウォーターベッドで横たわり、暖かさと柔らかさを感じながらリラックスすることで筋緊張が一時的だがほぐれるようだ。じっとして、天井のスポットライトを追う。プロジェクターのカラフルな液体の模様に見入っている。バブルユニットに入っている魚のオモチャが上下するのを目で追いながら喜んでいる。アクティヴィティルームでは、ボールプールに入るなりまるでイルカのように身体を極端に曲げたり、弓のようにピンと跳ねたりして動く。喜びの表情が身体全体に現れてくるのだ。たくさんのボールが身体中を覆い、動くたびに彼は埋もれていく。ボールに埋もれると、普段は何も言わない彼も声を上げて「アウアウー」と私を呼ぶ。そんなアービドを掻き出すと、また彼は全身を動かして埋もれていく。

アービドが、自らの力で遊べる唯一の場所がスヌーズレンなのである。トランポリンも好きで、動けない彼を真ん中に寝転がしてその周りを私が飛ぶと、小さな身体はボールのようにトランポリンの上で跳ねる。そして、そのたびに奇声を発している。思うように発声ができないのだが、答えるときの返事は「ヤー」というように聞こえる。「もう一度、飛ぶ?」と尋ねると、身体中の力を振り絞って低く「ヤー」という声が返ってくる。ちゃんと答えてくれているこの瞬間が、私にとっては一番嬉しいひと時だ。

小児精神科のスヌーズレンの利用法

精神科では、拒食症の人や自殺未遂の人がスヌーズレンを利用している。入院病棟にいる人が、セラピストとともに三、四人が連れだってやって来る。すべて一〇代の若い人で、この年代に拒食症あるいは過食症の人が多い。

なぜ、私は一人ぼっちなのでしょう。両親も親類も友達もいるのに、なぜ捨てられた子犬のように感じてしまうのでしょう。アイススケートをして頑張っているのだけれど、少しずつ膨らみかけた乳房が嫌で嫌で仕方がありません。練習のとき、身体にピッタリとフィットするトレーナーを着るのですが、それも嫌なのです。友人は細すぎると言いますが、なぜか私は太っていて醜く感じてしまうのです。

もう、何も食べなくなって半年になります。無理やり食べるとあとで吐いてしまいます。

私は、両親も姉も嫌いです。姉はとても勉強がよくできて、成績は学校でトップです。私は、

～昔のころのように両親の膝の上で愛された幼児に戻りたい。

拒食症の少女は自我に目覚め、生理的に受けつけなくなった食事を何とか食べようと努力している。病棟での食事の後、セラピストと彼女はこのスヌーズレンのホワイトルームで一緒に過している。虹色に輝く光の中で温かいウォーターベッドに横になり、環境音楽の調べを静かに聴く。神秘的な世界で、束の間のひと時を何も考えないで過せるのだ。ゆったりとした気持ちで接することができるため、食後の消化の助けにもなる。この部屋は彼女のためにある部屋だから、誰もほかの人（ここでは彼女を苦しめる人）が入ってくることはない。

ヒュッディンゲ病院（Huddinge）のペール・ソーデルステン（Per Sodersten）教授は拒食症の専門医で、七五パーセントの拒食症は治せると豪語したこともあって、各メディアに二〇〇二年六月に紹介された。彼の研究によると、食後はエネルギーを消耗して身体が冷えるので、それを防ぐために四〇度くらいまでの暖かい部屋で食後を過すことがよいとされている。まさに、ホワイトルームなどは最適の環境なのではないかと私には思える。そのほかには、エネルギーを消耗しないために運動を控えることも挙げられ、移動はすべて車椅子ですべきだと紹介されていた。

さて、その拒食症の人たちがボールプールへ入ることもある。骨と皮だけになった身体にボールがゴロゴロと触れる。自分で太っていると思っていた身体が、皮膚を通じて骨に直接ボールがあたることによって痩せていると自覚するようになるのだ。この例でも分かるように、拒食症の少女は毎日リラックスすることも目的としてハビリテーリングセンターのスヌーズレンを利用している。

拒食症の人には、周囲からの過大な期待もあるのだが、自らもパーフェクトにそれにこたえようとする性格の人が多い。美しくありたいと願い、「細い人は美しい」と、自分の身体の輪郭を認知する感覚が麻痺してしまう。骨と皮だけになって細すぎるほど細いのに、自分は太っているように見えてしまうわけだ。そして、いくら食べようと思っても生理的に受け付けなくなる。

もう亡くなってしまったが、イギリスのある女性が拒食症であったときのドキュメンタリーを見たことがある。骸骨のようになった顔にお化粧をして、念入りに真っ赤な口紅を塗り、骨に皮だけが垂れた身体を隠すこともしないで、それどころか肌も露な、ほとんどずり落ちそうな服に身を包んでタバコを四六時中吸っていた。そして、この彼女が語ったブラックユーモアに驚かされた。彼女に出会う人々は、あまりにも細すぎる彼女を見て心配し、「食べなきゃだめだよ！」と単純に忠告してくれるという。それに対して彼女は、次のように皮肉を込めてやり返していた。「あっそうなんだ、食べなきゃいけないんだ。それが抜けていたんだ。忘れてたわ、ご忠告どうもありがとう！」

食べるという行為を、もちろん忘れていたわけではない。しかし、それが不可能だから死に直面しているのだ。そんな彼女にとって、先ほどのような忠告はいくら善意であっても皮肉にしか聞こえない。その彼女が、「これほど重度の拒食症になる前に自分の身体が痩せているのだという生理的な感覚を取り戻すことができていれば、ここまで重症にはならなかったのではないかと思う」と言っていた。自分が痩せすぎているという認知感覚が麻痺していたために自分の状態に気がつかず、気がついたときにはすでに遅かった。

このような人のためにも、スヌーズレンで食事の後を暖かく過ごし、ボールプールなどでたくさんのボールに触れることによって、自らの身体の大きさを認知することやリラックスすることができるのではないだろうか。鏡で自分の全体像を察知し、さらにノーマルな人間と比較することで視的な感覚を取り戻すことができ、自らの状態を認識できるようになるのではないだろうか。さらによいのは、このスヌーゼレンでは一切外部から指示や要求がないということだ。この部屋にいる間は患者自身が主役であり、自分のための時間と空間を得ることができる。つまり、外部からの要求や外見にとらわれることなく、安心して過ごせる空間となっているわけだ。

少し余談になるかもしれないが、同じ精神病棟に入院している若者で何度も自殺未遂をしている女の子がいる。スウェーデンという自由な国で自殺があるというのは考えられないだろうが、どこの国でもさまざまな問題が山積みとなっているということだ。その中でも、スウェーデンが抱えている大きな問題の一つに移民の問題がある。移民の子どもは、成長する過程で家庭と社会との価値観の相違に悩まされることになる。とくに、宗教色の濃い中近東からの移民の子どもは、文化や風習の違いから悲惨な結果になることさえある。自殺未遂ということは心底助けを求めている証拠であり、精神科では、いかにすれば両方の文化が受け入れられるかと緩和する方法を真剣に模索し、社会に対して訴えている。

手首を切って自殺をしようと思った。移民としてスウェーデンに来た両親は、私に普通のスウェーデン人としての生活をさせてくれない。みんなが外で遊んでいるときに、私は一人で家にいなければならない。厳格な父親は、私が男の人のほうを少しでも見ると折檻するので恐くてたまらない。いつも下を見て歩いている。学校にも行けない状態が続いて悲しい。流行の服をきているスウェーデン人が羨ましい。友達同士で騒いでいるスウェーデン人が羨ましい。母に言ってもどうにもならない。誰も助けてくれない。なぜ、自分だけがこんな生活を強いられるのかと思うと生きていく価値がない。

このように言う女の子が一人の人間として認められている唯一の場所は、自殺未遂後のケアをする精神科病棟である。入院している間、彼女はセラピストとともにホワイトルームを利用する。ここでの安らぎのひと時が、彼女にとっては最大の平安な場所なのである。精神科では、福祉事務所と協力して彼女を両親から強制保護するべきかと相談している。しかし、それまでの道のりはまだまだ長い。スヌーズレンがこの女の子のような問題を解決することはできないが、心の平安を与えるだけのサポートはできると思っている。

◎痴呆老人

痴呆老人ばかりを集めたグループホームがある。そこから、作業療法士やスタッフとともに数人の老人がスヌーズレンを利用するためにやって来る。

高齢者に見られる痴呆は、ある日突然やって来るわけではない。徐々に潜行して痴呆症状が現れてくる。感情の起伏やもの忘れなどの記憶障害、知能の低下など、目に見えないところで進行していき、しだいに日常作業ができなくなる。一部の人は、記憶力の低下とともに味覚や嗅覚までも衰えていく。もちろん、聴覚や触覚も年とともに衰えてくる。痴呆の種類も、アルツハイマー、脳血管障害、前頭葉型痴呆、頭部外傷などいろいろあるが、本書の主題ではないのでここでは深く触れないでおく。

痴呆老人は、自分の置かれている状況を判断する能力が衰えているために、たびたび誤解をして怒り出したり暴れたりする。簡単な周りからの質問にもどう答えてよいか分からず、それでいて自分の答えがおかしいと気づくために、防衛本能が働いて逆に怒り出したりする。大切なのは、接するときに老人たちが答えられる範囲の質問をすることだ、とベテランのスタッフは教えてくれる。たとえば、「お茶を飲む？」、「お腹がいっぱいなの？」などと、今やっていることなどを尋ねる。あるいは、「昔はどうだったの？」と、遠い過去の話を聞いてあげると喜ばれる。仕事が忙しく時間のないときに尋ねないで、ゆっくりと余裕をもって聞いてあげる姿勢が大切ということだ。また、老人にも何らかの察知能力は残っているので、今、自分がいる場所が間違っているというふうに感じるらしい。それがために、彼らは「自分の家に帰る」と口癖のように言う。つまり、自分が過去に住んでいた安心できる家に帰りたいという願望が現れているのである。

私がかつて働いたことのある老人施設のことだが、二人の老女が毎日施設内をひたすら徘徊することを日課としていた。病棟から出ないように二人の襟にはアラームのセンサーが取り付けられ、病棟の玄関を通過するとドアの警報機が鳴り響くようになっている。彼女らは、職員が昼食の準備や衛生管理に忙殺されているときにかぎって脱走していく。ブザーが鳴ると、ソレッと老女二人を連れ戻すためにスタッフが走る。二人とも、手に手をとりあってしょんぼりとしている。「どこへ行くの?」と尋ねると、「うちへ帰るの」と声をそろえて二人は答える。「おうちはどこなの?」と尋ねると、二人とも不安そうにそわそわし、過去の記憶をたどっている。二人の言う住所は、彼女らが幼いころに育った家である。もちろん、そこには彼女らの家はすでになく、誰かほかの人たちが住んでいる。帰る家がないのに、本能的に彼女らは自分の家へ帰ろうとしているのだ。

この施設にもスヌーズレンをつくり、二人の老女に新しい体験をさせてあげて、それによって徘徊の頻度が少なくなるようにしてあげたい。また、スヌーズレンを体験することによって、二人にどのような反応が返ってくるか興味のあるところでもある。

老人たちがスヌーズレンを利用するとき、異次元の世界に入ったようにみんな目を見張る。スタッフと痴呆者がともに体験する異次元の世界である。昔の世界ではなく、今現在進行している世界をともに新しく体験していく。お互いに新しい共通の会話が生まれ、想像力が膨らんでいくのではないだろうか。

ウォーターベッドに寝転がって「気持ちいいね！」、「暖かいね」と話し、天井の星や壁に映るプロジェクターが映し出す抽象的な模様を見ながら、「あれは何に見える？」などと話を弾ませていく。味覚や嗅覚が衰えていくのを、レモンの香りで刺激してあげるのも得策だと思う。口に一口大のレモンを入れて、「これは何？　甘い？　辛い？　酸っぱい？」と聞くのもいいし、触覚を刺激する物を触り、「中に入っているのは大豆かしら？　お米かしら？」などと触覚に新たな刺激を加えることもできる。

高齢者にマラソンや体操、ダンスなどの活発な活動を望んでも、身体的な活動ができない人のほうが多い。年齢とともに、身体的な機能が衰えるのは当たり前である。それらの代わりとしてのスヌーズレンは、高齢者の活動としてはちょうどよい。珍しい環境を体験するわずかのひと時が、日常生活に変化を与えて潤いをもたせてくれるのだ。スヌーズレンを利用する老人たちにとって、このひと時は重要な役割を果している と思う。

第4章

スウェーデン国内にあるスヌーズレンの紹介

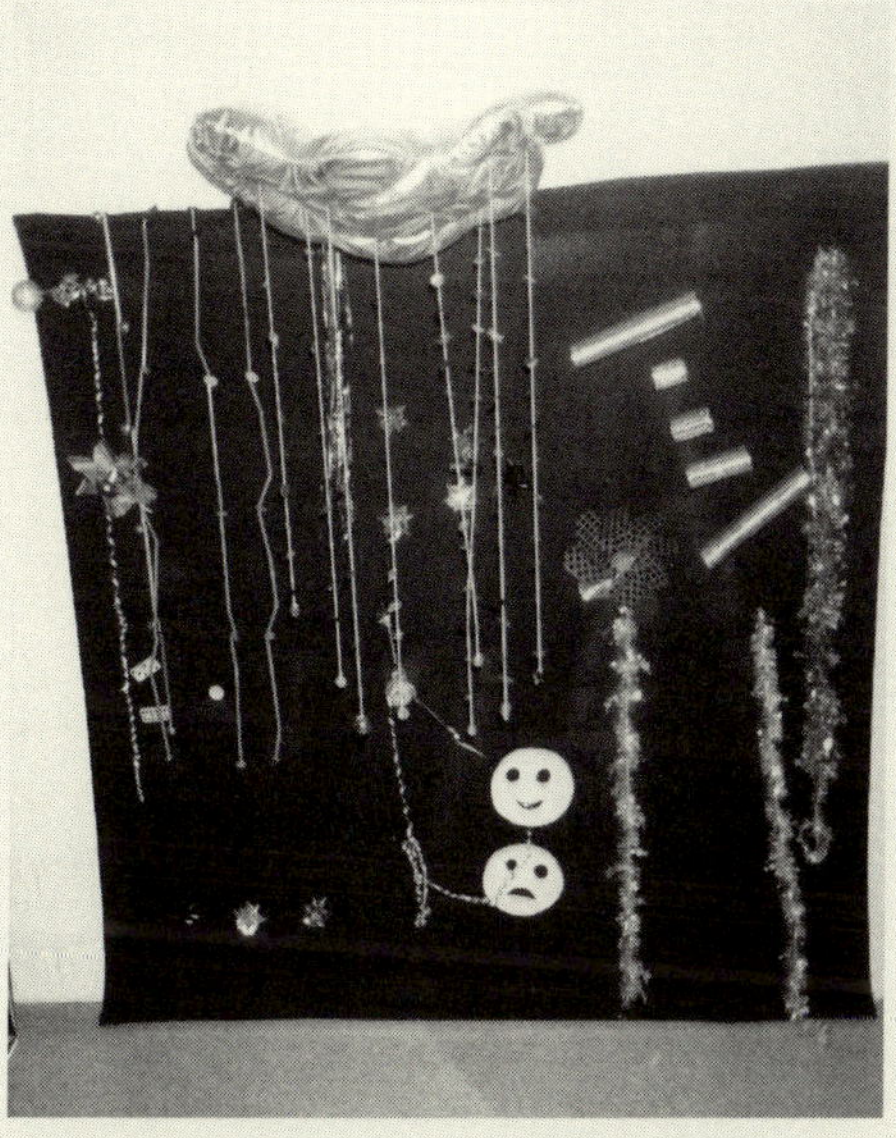

光やコントラストのある簡単な壁飾り

セルマ・ラーゲルレーフ（Selma Lagerlöf 一八五八～一九四〇）という女流作家は、文部省から頼まれてスウェーデンという国の地理と各地域の特色を子どもに教える本を書いた。それが、スウェーデンの南の田舎町からガチョウに乗って出発する『ニルスのふしぎな旅』（訳・山室静／絵・井江栄、講談社、一九九五年など）である。

私は、ニルスが生まれた南部スコーネ地方のマルメ（Malmö）で生活をしている。カルガモやガチョウのヒナ鳥が、大きくなって親子で庭から公園に引っ越しする光景などをよく見かける。道路を連なって渡る鳥たちに、さすがに急いでいる車もストップして、忍耐強く待って全部が渡りきるのを確かめてから再び走り出している。このような光景は、童話の世界だけでなく、実際にこの地方でよく見られる光景なのだ。

このマルメ市内にあるスヌーズレンを中心にこれから紹介していきたいが、ニルスとまではいかなくても、少なくとも私の知るかぎり北へ移動しながら各地のスヌーズレンを伝えていきたい。概要だけにとどまることなく、どのように利用しているか、その活用状態も織り込んでさまざまな角度から紹介していきたいと思う。

サフィーレン（Safiren）デイケアセンター――マルメ

ここは、マルメの海岸に近い二階建ての一軒屋を、コミューンが成人のデイケアセンターとして改築したところである。「サフィーレン」とは宝石のサファイヤという意味で、まさに施設の機器も利用者も輝いている。一軒屋といっても裕福な家が立ち並ぶエリアにあるこのセンターは一見豪邸を思わせるほどで、門からちょっとした坂を上った所に立っている。コミューンも初めての企画であるスヌーズレンに力を入れ、かなりの予算を投資して改築をしている。

デイケアセンターでは、利用者が何らかの形で作業をする目的をもって集まってくる。だから、ここでは作業場とスヌーズレンが併設されていると考えてほしい。さらにここは、一般の障害者とその家族にもオープンされているので、利用したい人は前もって予約さえすれば誰でも利用できるようになっている。

このサフィーレンができたのは一九九七年

簡素な住宅街にあるサフィーレンデイケアセンター

と新しいが、ここへ移る前には、別な場所で小規模だが簡単なスヌーズレンをつくっていた。現在では、マルメの中で一番規模の大きなスヌーズレンとなっている。利用者を迎える時間になると、入り口に置いてある縁日で買ったような大きな風車が植木のそばでクルクルと風に回り、利用者が帰宅する時間になるとそれは館内にしまわれる。そこへ毎日、移送タクシーに乗って利用者が付き添いのアシスタントとともに通ってくるのだ。

ほとんどの利用者は成人なので、両親から独立してアパートに住んでいるかグループホームに住んでいる。もちろん、中には一緒に暮らしている人もいるが、数は非常に少ない。グループホームといっても大きな施設ではなく、四人とか八人、多くても一〇人程度のものである。必ず個人用のシャワーとトイレのついたバスルームがあり、ちょっとした料理を温められるキッチンコーナーもある。一人ひとりが独立して生活できる、プライベートが保たれている部屋なのだ。よって、同じ部屋を数人で使用することはない。二四時間看護婦のいる高齢者センターなどでは二人部屋、四人部屋がまだ残っているが、部屋自体が日本と比較できないほど広くできている。約八八〇万人しかいないスウェーデンの人口や、あり余る土地のことを考えればそれも納得できる。

このように、それぞれの個室と共同の居間や料理のできるキッチンがあり、二四時間ケアのスタッフが待機している場所を「グループホーム」という。このようなホームは街の中の至る所にあり、たとえば公団のアパートの一角がグループホームになっていたり、住宅街の中の一軒屋がグループホームになっていたりと、ほとんどが街の中心に位置している。これは、山の奥や街の外れなどに孤立することなく、簡単に社会参加ができるようにと配慮されてのことだ。

経済観念がなくて自分で収入や支出の管理ができない人のためには、諸経費を管理する代表管理人がいる。自分の衣服などはグループホームのスタッフとともに購入したりするが、アシスタントはその内容を管理人にすべて報告するシステムになっている。また、スウェーデン人がよく凝るように、自分の部屋は自分で好きなようにインテリアをしている。自分でインテリアのできる能力がまったくない場合は、スタッフが住居人の年齢などを考えてそれぞれインテリアに工夫を加えている。日本から年齢の若い視察団などが来ると、自分もこんな素敵な部屋が欲しいと感嘆の声を上げるほどだ。

サフィーレンの一階は、玄関を一歩入ると温かい黄色の壁に包まれる。左手の壁に額縁があり、本来、絵があるところが水槽になっていて、熱帯魚がゆっくりと泳いでいる。目の前には、二階へと通じる大きな青灰色の階段がある。一階にはここを訪れる二〇人の利用者を三つのグループに分けて作業をする仕事場があり、各部屋もスヌーズレンを特徴づけるように感覚を刺激するインテリアが施されている。そして、それぞれの部屋には活動しやすいように大きなテーブルが設置されてあり、そこで利用者は食事をしたり簡単な仕事（作業）ができるようになっている。とはいえ、二〇人の利用者は知的にも身体的にも重度重複障害者で、いわゆる寝たきり同然になってもおかしくない人たちである。だから、たいした仕事はできない。

二階には玄関脇のエレベーターでも上がれるが、スタッフや一般の利用者は玄関正面の階段を上っていく。天井から、「天高く舞え！」といわんばかりに大きな凧がぶら下がっている。二階正面の部屋はスタッフ専用の部屋で、ミーティング兼休憩室になっている。

サフィーレンでは、ホワイトルームなどと呼ばないで、各部屋に天体の名前がつけられている。「月の部屋」、「太陽の部屋」、「天国の部屋」、「雲の部屋」などである。

月の部屋は真っ暗で、そこには蛍光のライティング効果が豊富に設置してある。天井からは何十本もの蛍光チューブがぶら下がり、その下にたたずむだけで自分の体格が認知できそうだ。声の大きさによって光が変化したり点滅したりするし、壁に掛かっている小さな箱は興味をそそるような扉がついていて普段は閉まっている。ところが、利用者がこの箱に触れると、中にぶら下がっている小さなひょうきんなお化け姿のボールが振動し、中から扉をノックする仕掛けとなっている。ノックの音に驚いて箱の扉を開けると、お化けが飛び出してきてヒラヒラと動きながら笑い声を発する。この奇妙な仕掛けが、知的障害のある利用者には大好評だとスタッフは言う。扉を開けたり閉めたりして、多くの人がしばらくの間そこに佇んでいるらしい。最初、何も知らないで扉を開けると驚くのだが、そのスリルと緊張感が知的障害者には何ともいえない面白さを醸し出しているようだ。

片隅にある大きなクッションのようなマットに寝転び、天井へ目をやると星座が見える。環境音楽を聴きながらこの部屋にいると、まるで宇宙を旅しているかのような錯覚に陥る。かなり広い月の部屋なので、広すぎると感じればコーナーにあるカーテンを引いて仕切ることも可能なようになっている。

天国の部屋はいわゆるホワイトルームで、コーナーには三本のバブルユニットが置いてあり、真ん中にはウォーターベッドがある。ベッドの下にはバイブレーションシステムが置いてあり、ベースの音がベッド全体に響きわたって身体全体が振動する。天井からは布でできた天使の人形がぶら下がっているし、そのほかにサイドグロウの輝く線が三〇〇本ほどぶら下がっている。

移動するためのリフト機も各部屋に設置されている。成人の重度重複障害者は重い。数人のスタッフでも、一人を抱え上げることができない場合がほとんどだ。リフトがなければ活動もできないし、逆に腰痛を起こしてスタッフ自体が障害者になりかねない。それを予防するためにも、それぞれ個人専用のリフ

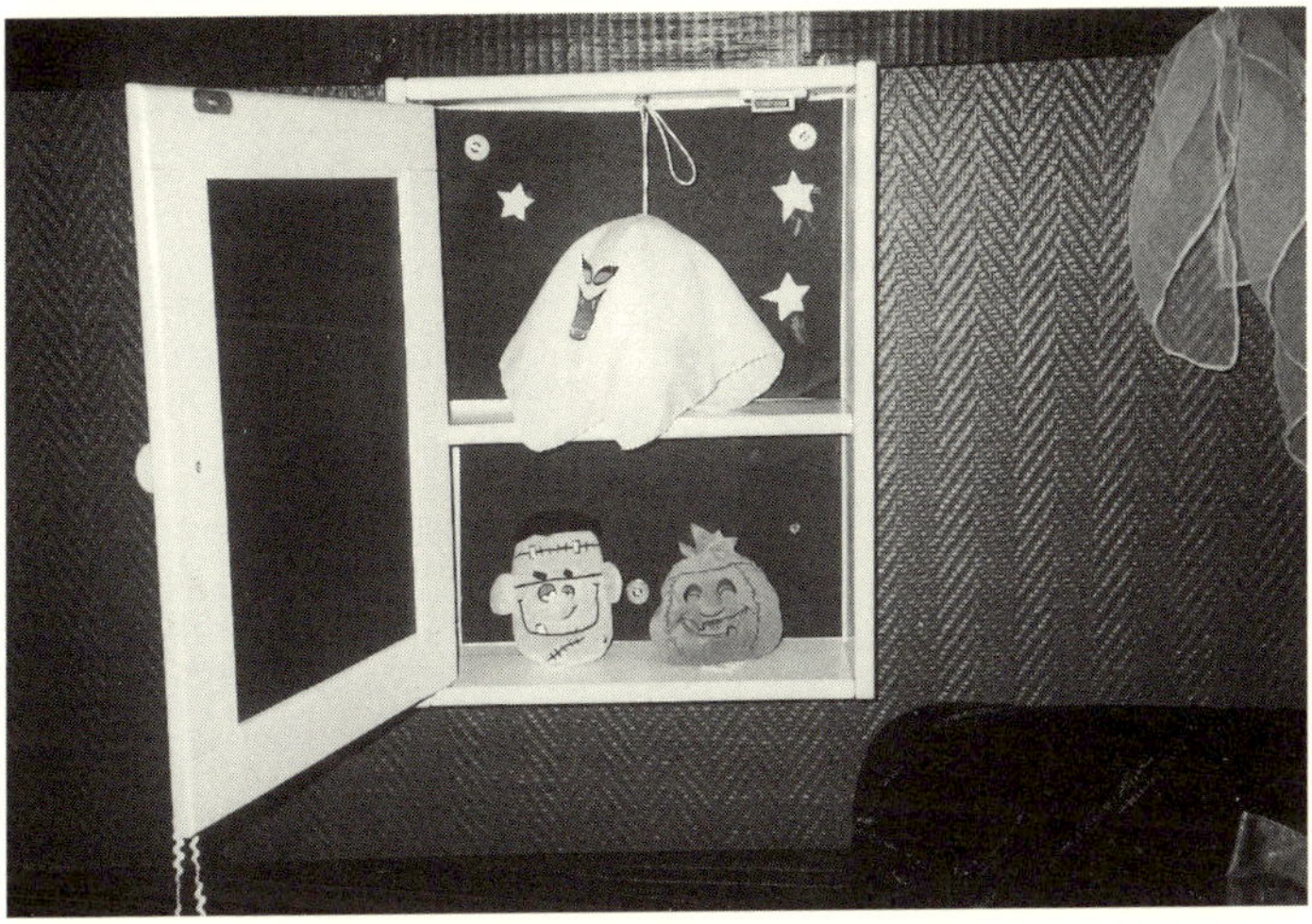

ひょうきんなお化けの入っている箱

ト用ネットが補助器具としてコミューンからもらえることになっている。だから、障害者はグループホームにいるときから身体を覆うリフト用ネットを利用している。

たとえば、朝起きてベッドから起き上がって衣類を着るときからネットを利用し、そのまま持ち上げてもらって車椅子に乗る。そして、そのネットを着けたまま生活し、食堂の椅子へ移動するときもネットをリフト機にかけて持ち上げればいいようになっている。食事をして終われば、また同じネットで持ち上げて車椅子に移動する。

サフィーレンにも、そのネットを着けたまま利用者はやって来る。そして、作業場で活動する際の椅子へ移動するときも、スヌーズレンへ移動するときもネットで持ち上げてもらうのだ。マットの上に寝転べば、簡単に身体をずらすだけでネットが外せる。もちろん、簡単にネットを敷くこともできる。非常に便利だし、介護者の健康を考えれば、社会的にも医療予算を減らすためにも得をすることになる。どこの施設でもそうだが、介護者の健康を考慮してあげなければ介護者自身を犠牲にすることになってしまう。

介護者がいくら頑張っても、これだけの補助器具がなければすべての介助はできない。一日のうちに数回にわたってリフトで上げたり下げたりするのだから、いくら介護者が気力で頑張れるといってもいつかは介護者自身の身体が壊れるだろう。あるいは逆に、一日数回の移動をとりやめて、寝たきりや座ったままの障害者をつくってしまいかねないのだ。だからスウェーデンでは、障害者への介護を考えるのと同じくらい介護者の健康にも注意を払っている。職員の休憩時間や休日が頻繁にあり、時差出勤などの制度があるのもそのためである。

リフトネットは、障害者一人に対して二、三枚が無料でもらえる。お風呂専用の濡れても大丈夫のものや、生地が厚くて、常時の使用には嵩張りすぎるが移動には安全で耐久性のあるものなど、種類も大きさも豊富である。地域の医療チームにいる作業療法士がこれらのリフトネットを処方し、コミューンの補助器具センターから支給されている。

話が少しそれたようだ。最後に、サフィーレンの太陽の部屋を紹介しよう。ここには、赤と黄色のボールプールがコーナーから扇型に部屋いっぱいに広がっている。部屋の半分を占めるボールプールは、数人が一緒に入っても大丈夫なくらい広い。数千個のボールの中に、たった二つの青と緑のボールが入っている。これを、利用者は探すのだ。動いたり掻き回すだけでこのボールはすぐに浮び出てくるので、結構見つけやすくなっている。また、天井には、赤と黄色の縞模様のパラシュートが広がっていて、これにヒモでもくっつけると空を飛んでいる気分にもなれるようだ。

ヒリエ（Hyllie）デイセンター——マルメ

ここは、成人で重度の自閉症を対象にしているデイセンターである。大きくて広いデイセンターなのだが、利用者は三組のグループで一二人しかいない。そのため、マンツーマンでスタッフが対応している。成人である以上、ここは彼らの職場であり仕事をするところである。通勤のためのタクシーはコミューンの障害者専用の移送タクシーで、グループホームや自宅から通ってくる。ここでもティーチメソード（一四二ページより詳述）を利用している。見学をしたいという要望を受け入れてくれたスタッフのエマ（Emma）と話しながら施設を見て回ったのだが、どの利用者も重度で、仕事ができる状態ではない。利用者には自分の仕事場として隔離された場所（コーナー）が与えられ、ティーチメソードの、左から右への流れ作業を自分の仕事としてこなしていた。初めは五分と続かなかった作業が、今では三〇分くらいは続くようになったとエマは話してくれる。

　仕事の内容は各自のレベルにあわせ

ティーチメソードで仕事をする時、周りから隔離するようにすると集中しやすい。仕事は常に左から右へと流れるようにする。

ているので異なるが、たとえば左の棚にプラスチック製のカゴがあり、その中に各種の課題が置いてある。課題の例としては、太めの輪ゴム五個をトイレットペーパーの芯にかけることとか、貯金箱の中へボタンを一個ずつ一〇個入れること、シールを定められた紙に三枚貼ることや簡単なパズルをするというものである。一つの課題を修了するとプラスチックのカゴを右にある棚に置き、そして左の棚にある次の課題の入ったカゴを机の上に取り出す。常に、左から右へと課題をクリアしていくのである。

このような簡単で単純な流れ作業だが、中には作業レベルの高い人もいる。自分では読書はできないが、テープレコーダーで人が本を読む声を聞きながらページをめくっていくのだ。本は絵本に近い。ページをめくる個所になると「ピッ」と音がする。中には簡単な文字が読める利用者もいて、太陽の絵と太陽という文字をくっつけたり、鉛筆で書く練習をしたりしている。課題は簡単すぎてもいけないし、つまらなくても退屈させてしまう。利用者のことをよく知り、そのレベルと同等か、一歩高いところの課題を与えて進歩することを待つのである。

この単純作業を、一日に二度繰り返すようにしている。各利用者にはそれぞれの日課表があり、それには作業をシンボル化した絵が順番に貼られてある。日課の午前、午後のコーヒータイムの時間になると利用者が順番でコーヒーを沸かし、定められた場所でコーヒーを楽しむようにしている。コーヒーを沸かすのも訓練の一つであり、コーヒーの粉をスプーンに何杯入れるか、お水は何色の線まで入れるのかなどすべて絵で指示されているし、コーヒーメーカーには水の量の目安として色テープが前もって貼ってある。

このように、自活に必要とされる作業をティーチメソードにそって訓練するのである。日課表の中にはスヌーズレンの絵もあり、たとえばボールプールの絵であれば、その時間になるとボールプールの部屋へ行く。そして、料理用の時計をセットして、時間がきてブザーが鳴って知らせるまでボールプールの中で休憩し、ゆったりと過すことになる。

ヒリエデイセンターには、「ボールプールの部屋」、「音楽の部屋」、「バスルーム」、「黒い部屋」、「ホワイトルーム」がある。一週間に一度はミュージックセラピストがやって来て、音楽の部屋で利用者みんなとセッションをする。それぞれ楽器を持って、盛大な演奏になるということだ。時には、グループで演奏したり個人で演奏したりする。軽度のある利用者は上手にドラムを叩き、ミュージックセラピストとともにリズムに合わせて見るからに楽しそうに、そして得意気に演奏をしている。

このデイセンターでは、一般への公開見学会も定期的に行っており、そのときには彼がドラムを叩いて来訪者を歓迎してくれる。当日は、どの利用者もスタッフとともに自分の持ち場に待機し、飲み物をすすめる人、クッキーやケーキを出す人、そして何もできない人は片隅のクッションに座って手をヒラヒラさせながら来る人を歓迎している。それぞれができうるかぎりの能力を発揮して、デイセンターの活動に参加しているのだ。

スヌーズレンの一環として、この施設には「テレビの部屋」と呼ばれるものもある。日課表の中には休憩の時間が定められており、自分が選ぶビデオを持ってこの部屋へ入って観てもよいことになっている。テレビの部屋の中にはたくさんの大小のクッションが置いてあり、リラックスできるように柔らかな雰囲気が演出されている。ビデオはディズニー映画のミッキーマウス、ドナルドダックとアニメ系が多いが、動物のドキュメンタリーや、スウェーデンを代表する童話作家のアストリッド・リンドグレーン（Astrid Lindgren、一九〇七～二〇〇二）の作品がドラマ化されているビデオもある。彼女の作品は、スウェーデンの子どもが必ずといってもいいほど一生のうちに何度かは親しむ物語である。『長くつしたのピッピ』（木村由利子訳、ポプラ社、一九九〇年）や『やかまし村の子どもたち』（大塚勇三訳、岩波書店、一九六五年）などは、日本の『桃太郎』、『一寸法師』、『浦島太郎』、『かぐや姫』的存在で、多くの国民から親しまれている。身体は大人であるが知的にはまだ幼少レベルであるため、このように子ども向けの作品が好まれるのだ。

またここでは、果汁園と契約をしていて、とれた果物を市場やコンビニに運搬する作業もしている。朝早く届く果物を選り分けて籠に入れ、デイセンター専用の小型バスで運搬していくわけだ。ちなみに、このバスは利用者が使う通勤用のものではなく、利用者とスタッフが買物や遠足や視察に行くために利用している。

このように、一日の活動にあわせてスヌーズレンがその一部として利用されている。日本から実習に来たベテランの作業療法士がここで一週間を過し、施設での感想を次のように述べていた。

「こんなに穏やかな表情をしている重度自閉症の人を、日本では見たことがない」

ゴングローテン（Gånglåten）保育園——マルメ

スウェーデンでは、障害児が居住する地域にある保育園や小学校には、彼らが望めば自動的にそこへ入学できるように学校側に受け入れ態勢を整える義務が課せられている。そういう意味では、インテグレーション（統合教育）が充実しているともいえる。しかし、ここで言うインテグレーションの意味は、障害児がほかの子どもと同じ条件のもとで同じ生活をするというものではない。平等にといっても、生徒に対して一律に同じことを要求するのではなく、障害児のレベルにあわせて、また障害児の能力が発揮できるようにサービスを整えてこそ、初めて統合といえるインテグレーションがかなうのである。よって、学校側はバリアフリーの環境を整備し、必要とされるアシスタントを雇い、教科目を個人レベルの発達状態に合わせてインテグレートすることになっている。

マルメの南地域に、「ゴングローテン（Gånglåten）」という保育園がある。この保育園もほかの保育園と同様、必要に応じて特別にたくさんの障害児が受け入れられるように整備された保育園となっている。四クラスから成り、そのうち二クラスには健常児が通っており、残りの二クラスは特別保育園と特別小学校に分かれている。

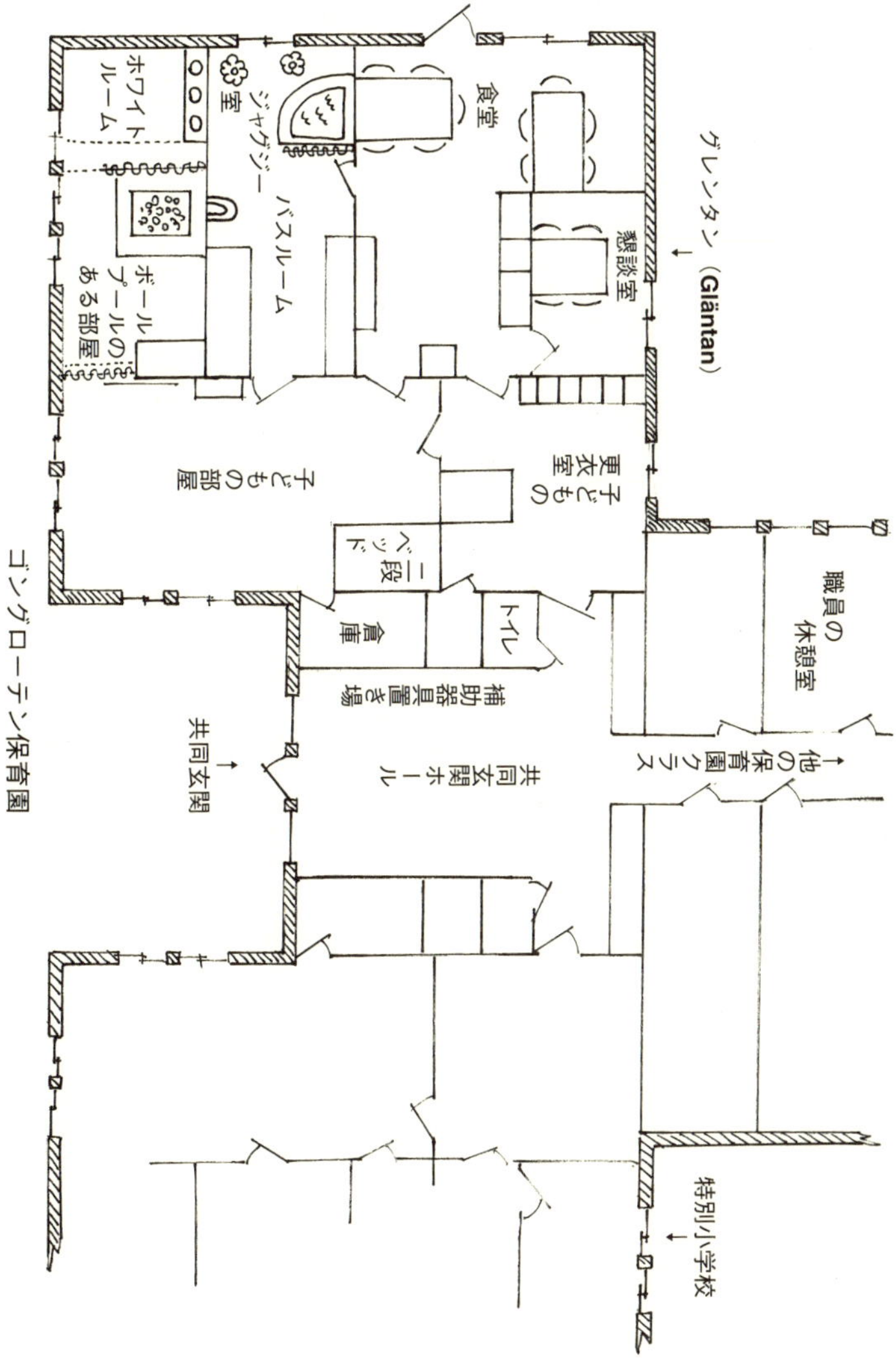
ホワイトルーム
ジャグジー室
食堂
バスルーム
ボールプールのある部屋
懇談室
グレンタン（Gläntan）
子どもの更衣室
子どもの部屋
二段ベッド
倉庫
トイレ
補助器具置き場
共同玄関ホール
共同玄関
職員の休憩室
他の保育園クラス
特別小学校
ゴングローテン保育園

健常児の通うクラスの中には、どこの保育園でも見られるように軽度の障害児がインテグレートされている。三つ目の特別クラスは「小学校」といわれるクラスで、現在四人の重度自閉症の子どもが通っている。ここでも、先ほど述べたティーチメソードを主流として教育が行われている。しかし、私が紹介したいのは、重度重複障害児が通っている四つ目の「グレンタン（Glän-tan）」というクラスである。寝たきりになりかねない、ほとんど意識すらない四肢麻痺の子ども、重度の脳障害をもって生まれた子ども、染色体異常で食事すら喉を通らず何もできない子ども、そんな子どもたちがスヌーズレンを中心としたグレンタンに通っている。前ページの図でも分かるように、クラスの室内がすべて何らかの形でスヌーズレンになっている。そして、六人の児童に対して余裕のある広い部屋となっている。

この重度重複障害児のクラス「グレンタン」という言葉には、「隙間」という意味がある。スタッフたちは、山と山の谷間から光が射し込む、あるいは扉と扉の間から光が漏れるという明るい陽射しをイメージして考えたそうだ。もちろんそこには、少しでも重度の子どもたちに光が射すように、という願いが込められている。

ここには、重度重複障害児の六人が毎日通園して来る。ここで彼らは、三人の保母と一人の特別教育教員の担当のもとで一日を過ごすのだ。スタッフが四人とはいえ、アシスタントや実習生を入れると障害児たちとマンツーマンで対応ができるようになっている。

その中の、一人の勤務時間表を紹介しよう。**表1**に見るように、出勤時間がバラバラである。

表1　特別教育教員の勤務時間表

月曜日	8時　　～18時
火曜日	7時30分～15時30分
水曜日	7時30分～16時30分
木曜日	7時30分～13時15分
金曜日	8時　　～16時30分

もちろん、彼女が早く来て帰るときには、ほかの人が遅く出てきて最後まで残っていることになる。このシフトは上司が決めるのではなく、このクラスのスタッフ同士が話し合って決めている。

毎日一五分のコーヒーブレイクと三〇分のランチをとるための休憩があり、毎週月曜日は、スタッフ全員が集まって子どもたちが帰ったあとの一七時ごろから一時間の反省会やこれからのプランニングをしている。さらに子どもたち六人は、病院での検査があるために全員が出席するのは稀なので、結果的にはスタッフの数は充分すぎるほどいることになる。

さてそれでは、グレンタンの一日を紹介しよう。一人だけ早目に登園してくる子どもがいるので、スタッフのうち誰かが七時半の出勤となっている。スタッフの勤務時間は、必要に応じていくらかは融通がきく。普通保育の開園は六時一五分からで閉園は一八時になっていて、どこの保育園も必用に応じてこの時間帯の範囲内でフレックスにしている。そしてスタッフたちは、子どもたち全員が登園してくるまで一日の準備や記録などをしながら待っている。

登園・八時三〇分

ほとんど寝たきり状態の動けない子どもたちは、毎日、移送タクシーで八時半から九時ごろにかけて保育園に集まってくる。先にも少し述べたが、移送タクシーは保育園の専用バスではなくコミューンがタクシー会社と契約しているバスなので、コミューンから許可をもらった両親が前もって時間を予約しておくことができる。スクールバスの代わりでもあるし、個人個人の時間にあわせられるので障害児をもつ家族にとっては非常に有意義な送迎専用のタクシーである。病院へ行くとき、ハビリテーリングセンターへ行くとき、また余暇活動をするときなどもこのリフト付き移送タクシーが利用できる。また、時間の変更も電話一本でできるので非常に便利である。許可のある障害児の場合は、この移送タクシーはすべて無料となっている。

運転手に連れられて登園する子どもたちは、玄関でスタッフに迎えられる。小学校との共同玄関は、すべての補助器具が置けるように広くなっている。まるで物置のようだが、窓が大きくとってあるので明るい。そこを通って、グレンタンへの入り口に行く。その入り口には呼び鈴にもなるいろいろな音色の出るメタル系の風鈴が天井からぶら下がっており、到着すると必ず風鈴を鳴らすことになっている。こうして、聴覚からグレンタンに着いたことが障害児に分かるようにしている。また、入り口を一歩入るとラベンダーの香りが一面に漂ってくるので、嗅覚からも保育園に到着したことが察知できる。

子どもたちの上着は各自の専用スペースにかけられ、車椅子は小学校との共同玄関に保管される。その後、上着を脱いだ子どもたちは個人専用の椅子にそれぞれ移動して座る。ほとんどの椅子には小さなキャスターがついており、部屋の中での移動が自由にできるようになっている。子どもの身体は、座位や立位を保つことができないためすぐに前方に倒れてしまうので、それを保護するための胸あてがあったり、また安全ベルトで固定もされている。このような装具や付属品は、子どものニーズにあわせているために各種異なったものが利用されている。

玄関から子どもの部屋へ移ると、片側にはお昼寝に使う二段式ベッドやマットレスが設置されている。ベッドといってもスヌーズレンの工夫がされており、カラフルな色の布団やカバーがかけられ、天井からはオモチャがぶら下がり、壁にも簡単なからくりやちょっとした工夫のされたオモチャが取り付けてある。そして、部屋の中央には、大きなハンモックの代わりになる青い箱型ベッドがぶら下がっている。

共同玄関脇の補助器具置場。保育園に保管されている補助器具

この子どもたちの部屋から、スヌーズレンの部屋につながっている。最初の部屋に入ると、赤と黄色の縦じまでできたパラシュートが天井一面を覆っており、その下にはやはり赤と黄色のボールプールとマットレスがある。バランスが悪く転んだりして頭をぶつける子どものために、壁から飛び出ている室内用ヒーターや床一面は、隙間がないほどに七センチメートルほどのぶ厚いマットレスで覆われている。奥にはもう一つの部屋があり、そこがホワイトルームになっている。バブルユニット、白いウォーターベッド、星をイメージする豆電球（スターライトカーペット）、ミラーボールなど、基本的なスヌーズレンの機器が置かれて魅惑の世界をつくり出している。

同じく、子どもの部屋からはバスルームにも通じている。バスルームには、子どもの身体の衛生管理をするための用具やオムツの交換台などが、スタッフの背丈にあうように電動で上下に動くものが設置されている。何度も言うが、一日に何度も子どもの身体を抱えなければならないスタッフのことを考えての配慮である。腰痛予防は、スタッフの労働条件をよくするための当然の処置ともいえる。

交換台の上には、子どもの身体が冷えないように赤外線のついたヒーターが取り付けてある。オムツを交換する間は、すぐ横にあるオモチャの心地よい音が流れるようになっている。バスルームの一角には南国の雰囲気を出すように大きな植木が置いてあり、その横にはジャグジー用のバスタブが設置されている。天井リフトで子どもをオムツ交換台からバスタブに移動して、週に何度かは交代で子どもをそのジャグジー風呂に入れるのだ。スタッフも水着に着替えて子どもとともにこのジャグジーに入浴し、水遊びの時間としている。

バスルームの横の部屋は食堂で、胃ろうカテーテル（管）をしている子どもには、直接チューブから栄養液を注入することができるように持ち歩きの便利な小型ポンプが常備されている。

スウェーデンでは、日本でよく問題となる「医療行為を一般の人がしてもよいのか」などの議論はまず起こらない。子どもの生活に必要なこと、たとえば胃ろうの注入や呼吸器官の痰の吸引も、家族だけでなくすべての保母やアシスタントがしている。てんかんの座薬注入の応急処置もしかりである。だから、子どもの車椅子には酸素呼吸器や注入機などの機械が取り付けられており、それをアシスタントたちが当然のように操作している姿をよく見かける。それらの行為によってもしも子どもに異常が起こったとしても、それが故意になされたものでないかぎり責任が追及されることはない。

日本の学校で障害児を受け入れない理由として、これらの医療行為のことが挙げられる。そして、家族が子どもの面倒を見るならば普通学校へ入学することを許可してくれるともいう。家族、そのほとんどがこの場合は母親になるのだが、その母親一人にかかる負担は当然のことながら非常に大きなものとなる。教師が障害児の面倒を見ないというのは、決して見たくないのではなく、ケアをするだけの時間の余裕がないということと、障害児に対しての医療知識が欠けていることもあろう。何かが起これば、その全責任を教師がとらなければならない日本の現状では、誰が勇気をもって障害児を受け入れることができようか。それこそ、無理というものだろう。

このような状況ゆえ、日本の教師が障害児を自分のクラスに入れるのを敬遠することは私としてもよく分かる。生徒の人数だけを考えても到底無理な相談であろう。一クラスの生徒数が二五人に満たないスウェーデンと比べても仕方がないし、それにスウェーデンの教師は一人ではなく、必要に応じてアシスタント教師もいて二人で受け持っているクラスがほとんどであり、日本と比べればかなりゆとりのあるクラス構成になっている。そのうえ、さらに新しく障害児がクラスに入学する場合は、学校側が障害児に必要なアシスタントをもう一人特別に雇うという配慮までしている。また、そうするのが学校側に課せられた義務ともなっている。さらにスウェーデンでは、障害児がいるからといって両親が仕事を辞めなくてもよいし、逆に障害児がいるからこそ、そのための社会的な福祉制度を充実させるようにしているのである。日本でも、医療行為の有無は責任問題に発展して難しいかもしれないが、せめて学校でアシスタントを雇えるぐらいのシステムは制度化してもらいたいと願う。

すっかり話がそれてしまったが、スヌーズレンを中心にしたグレンタンの紹介を続けよう。

サムリング（お集まり）・九時三〇分

グレンタンでは九時半ごろ、子どもたちを集めて点呼をするひと時がある。子どもたちがそれぞれ床の上に丸く輪になって座れるように、スタッフたちは彼らを床用の椅子に移動する。一日のうちに数回椅子を換えることは、子どもたちの体勢を変えるうえにおいても非常によい。立位、座位、床座位、寝位など、健常児であれば自然に行う運動や体位の変化をスタッフが代わりにしているわけだ。すべてマンツーマンか、スタッフ一人で二人の子どもの担当となっているのでスムーズな移動が行われている。そして床の上で、それぞれのスタッフが後方や横から子どもたちをサポートしている。

朝の集まりは、スタッフが演奏する縦笛の音色で始まる。決して上手な演奏ではなく、単に縦笛を吹いているという単純な音だが、それが始まりの合図となっている。それから、タンバリンを回しながら、子どもの名前をリズムにあわせて叩きながら順番に回していく。たとえば、「カタリーナ」は「タタタータ」のリズムで叩かれている。動かない腕や手をスタッフが支えてタンバリンを一緒に叩き、順番に回していく。歌にあわせて手遊びをしたり、身体を動かしたり、回ってくる音の出るオモチャや振動のするオモチャを手で触ったり、頬で感じたりする。冷たい氷のかけらや雪玉をつくって手わたしたり、ラベンダーが入っている袋を順番にわたして香りを嗅ぐこともある。

一見すると無表情に見える顔も、穏やかで楽しんでいるかのように見える。毎日接していれば細かい表情が読めるようになるし、嫌なときの顔の表情を知っていれば、いかに子どもたちが楽しんでいるかが分かるだろう。

最後に、ジャガイモの上に立てられたお箸くらいの棒状の花火に火をつけて、光と音を楽しみながら火薬の匂いを嗅いでサムリングは終わる。簡単なものだが、子どもたちにとっては感覚面において非常に充実した集まりとなっている。

サムリングが終わったあとは、各自、立位をするための装具を身に着けて活動する場所に移動し、テーブルの上にあるオモチャを叩いたり触ったりする自由遊びの時間になる。各自が、自分にあった座位や立位で周りのオモチャを触って遊んでいる。ある子どもは、フィンガーペイントをするために食堂の一角にあるテーブルに向かう。別の子どもは、コミューンから派遣された歯科衛生士に歯磨きしてもらうためにバスルームへ行く。歯磨きの嫌いな子どもは、歯磨きの匂いを嗅ぐと同時に嫌な表情をして、声を上げて抵抗している。歯磨きが終わると、またホッとした表情で活動する場所に戻っていく。そして、また別の子どもは、木

立位で自由遊び

枠で造られた小屋と称する下に寝転び、その中のオモチャを相手にひと時を楽しんでいる。とても重度重複障害と思えないほど豊かな表情をみんながしている。

スタッフは、その間、交代で一五分間のコーヒーブレイクを休憩室でとる。保育園内のほかのクラスのスタッフたちも同じ時間帯にここに集まってくるので、スタッフ間の交流もここでできる。休憩室はブルー系統でまとめられた素敵なインテリアとなっており、共同の憩の場であるだけでなく、束の間の、心の充電をする場所ともなっている。一週間が終わる金曜日には、このコーヒータイムにフランスパンやケーキが並んだりもする。

毎日の仕事をするうえで、スタッフと子どもとの間に少しの距離がとれる場所、精神的な安息の場所とその時間がスタッフにも必要なのは明らかである。日本では、仕事は自分を犠牲にしてまでも行うほうが美徳とされているようだが、スウェーデンでは通用しない。自分が犠牲となってつぶれてしまっては、障害者に対して健全かつ充実した介護や擁護はできない。

活動の時間・一〇時ごろ

コーヒーブレイクが終わると、子どもたちに上着を着せて車椅子に乗せ、近所に散歩に出かけたり近くの遊園地で遊んだりする。なにがしかの理由で園外に出ない場合は園庭で遊ぶことになっている。障害者専用の三輪車に子どもを乗せて、身体や足を固定して後ろから押したりする。ハンドルを持っていてもすぐに手を放す子ども、ペダルを踏もうとしない子ども、我慢強く何度も何度も繰り返し指導をしていく。ペダルにベルトで足を固定して、三輪車が押されてペダルが回ると足もそれについて回り、その動きや振動が身体に伝わって喜ぶ子どもが多い。ブランコにも、動けない子どものために自動車で使う専用の子ども椅子が取り付けてあり、安全ベルトで固定できるようになっている。それ以外に、寝たままブランコができるものもある。そして、園庭での遊びや散歩から帰ると食事の時間になる。

食事の時間・一一時一五分

食堂では、注入ポンプの音が静かに聞こえる。手軽に移動のできる小さいポンプである。クラスの半分である三人が、このポンプを常用している。担当のスタッフが上手にポンプを扱い、口からは味覚を刺激するための食べ物を少しの分量ではあるがスプーンであげている。食事は給食センターから半加工品が届き、それを調理士が園内の台所で食べやすいように料理してくれる。それを、スタッフが子どもたちに食べさせるのだ。スタッフも、同じ食事を無料でとることができる。模範として食事の仕方を子どもに見せているので、コミューンは食事をすることも教育指導の一環と見なして、スタッフに対して給食費を請求していない。「模範ランチ」とでも名づけたくなる。

食事の終わった者から、食後の衛生管理、歯磨き、洗顔、オムツ交換などをバスルームで行う。スウェーデンでは、六歳児から無料でオムツが提供される。だからそれまでは、保育園で使うオムツは個人負担となり親が持ってきている。急ぐでもなく、それぞれが時間をゆったりとって身体の衛生管理をしている。これだけ余裕をもってできるのも、子どもの人数が少ないせいであろう。オモチャの音色を聞きながら目の前にぶら下がるオモチャを見ている子ども、腕や手に少量のアロマオイルを塗ってもらってリラックスしている子どももいる。気持ちを落ち着かせる香りがわずかにプーンと漂う。

お昼寝・一二時ごろ

衛生管理が終わると、各自にあったベッドでお昼寝となる。窓はブラインドを下ろして部屋を暗くする。夏ともなれば夜遅くまで明るいので、スウェーデンではブラインドか分厚いカーテンが必要である。二段式ベッドの上の段でゴロンと転がる子ども、天井からぶら下がった青い箱型ベッドに寝る子ども、床の上のマットレスに寝る子どもとさまざまである。

クラシック音楽がバックミュージックとして静かに流れ、スタッフは子どもたちの寝顔をそれぞれ見ている。深い眠りについた子どもたちを部屋に残して、その間に、またスタッフは交代で三〇分の昼休みをとる。見るからに、ゆとりのある養護保育であろう。

運動・一四時ごろ

お昼寝から三々五々目覚める子どもたちは、それぞれ担当のスタッフに抱かれたりお話したりとスキンシップを楽しんで、子どもたちの覚醒時間をゆっくりととっている。全員が起きてくると、テープレコーダーからの音楽指導とともに全身マッサージを施したり、硬直した手足の関節や筋肉をほぐしたり伸ばしたりする体操の時間になる。それが終わると、スヌーズレンのボールプールに入る子ども、ホワイトルームで過す子ども、立位をしてテーブルのオモチャで遊ぶ子どもと各自いろいろである。

ハビリテーリングセンターからスタッフが来るのもこの時間が多い。センターから来る理学療法士や作業療法士は、ともに子どもの立位や座位に適する補助器具の具合を見たり、体操に加わったり、グレンタンのスタッフの相談を受けたり指導をしたりする。ハビリテーリングセンターとグレンタンの間だけでなく、保育園や学校などでは、障害児が通学している場合はハビリテーリングセンターとの交流が頻繁になる。家族を交えて、子どもを担当しているスタッフとセンターの医療チームとが何度もミーティングをして、子どもに一番よい日常生活をともに考えていくのだ。そして、そこで出される問題や課題を一つずつ協力し合いながら解決していくわけだ。

おやつと帰宅・二時三〇分から四時

午後二時半になるとおやつの時間になる。全員が食堂に移動して、胃ろうへの注入とクリームスープやパンケーキなどの簡単な食事をする。その後はまた自由遊びの時間となり、三時から四時の間に子どもたちはそれぞれ帰宅していく。玄関口では、またブザーを鳴らして一日の終わりを知らせている。

ほとんどの両親は、どちらかが帰宅時間には自宅で待機しているのだが、両親が仕事で家にいない子どもの場合は学童保育へ行くことになる。もちろん、そこへの移動もリフト付きの移送タクシーであり、学童保育が行われている場所も特別な受け入れ態勢が整えられている。学童保育は健常児と一緒で、文字通り統合されている。ほとんどの学童保育は地域にある学校の中に設置されており、そこでは余暇リーダーや保母が働いている。重度重複障害児を受け入れる場合は、別にアシスタントが雇用されることになっている。健常児も、この学童保育のときに障害児と自然な形で接することになる。

障害児をもつと両親の勤務時間が短縮できる制度もある。勤務時間が少なくなる分だけ収入が減るわけだが、もちろんその分は社会福祉事務所のほうで保障されることになる。とはいえ、この援助も誰に対しても一律に下りるものではない。障害の程度に合わせて、またそのニーズによって両親あるいは障害者本人が援助の要請をして許可されるものなので、時に不公平な結果を生むこともある。ハビリテーリングセンターのスタッフが障害の評価をし、同じくセンターの医者が証明書を出し、社会福祉事務所に何度も申請して初めて許可される場合もある。社会福祉が進んでいる国だからといって、何事もスムーズにいくと思ったら大間違いである。とはいえ、多様な制度が用意されており、国の政策としてもニーズのある人々になるべく公平に援助が行きわたるようにと考慮はされている。まだまだ問題はあるとはいえ、世界的に見てもスウェーデンの福祉はやはりトップクラスであろう。

エレーブヘム（Elevhem）グループホーム――マルメ

これはいわゆる「生徒の家」という意味のグループホームで、ここには八人の重度重複障害者が住んでおり、庭付きの平屋となっている。グループホームといえば、このようにどこでも平屋かといえばそうではなくて、団地の一部がグループホームになっていたりすることもある。ここで紹介するグループホームは、簡素な住宅街の中にある。重量上げのバーベルのように、二つの家が、真ん中にある廊下や食料倉庫やスタッフの休憩室でつながっている。

この二つの家には四つの個人部屋があり、それに続く共同の台所、居間、バスルームから成り立っている。そして、両方の家には各介護チームがあって障害者たちの面倒を見ている。要するに、グループホームであっても一般家庭の代わりとなるようにスタッフとともに家庭的な雰囲気を大切にし、またそれを基準としているので身の周りの介護をする人の数をできるだけ少なくしている。しかし、少数だといっても、夜以外はマンツーマンになるほどのスタッフが常時いる。ちなみにここでは、二二歳から四〇歳になる重度重複障害者が一緒に暮らしている。

一八歳、つまり成人となれば、個人専用のトイレとシャワー、台所コーナー付きの部屋かアパートへ移るようにとスウェーデンでは一般的にいわれているが、そこに移ることのできない成人の障害者もこのエレーブヘムには住んでいる。というのは、コミューンの財政状態が苦しく住宅が欠乏しているため、なかなか要望通りには建設が進まないからだ。別に、障害者だからといって後回しにされているわけでは決してない。

前述したように、スウェーデンでは一八歳になると成人と見なされ、経済的にも精神的にも両親から独立して自活を始めるのが当然とされている。しかし、引っ越ししたくても適当なアパートもなく公団住宅の建築も間に合わない状態が続いているので、そのまま引き続き両親の家に住んでいる成人も多い。成人すれば独立するのが当たり前のスウェーデン社会では、障害者といえども、二五歳や三〇歳にもなって両親と一緒に住むのはおかしな現象として受け取られている。少しでも早く公団住宅を建設するようにと、障害者協会や学生協会だけでなく、市民も一緒になって

介護人のために住民の日課表を分かりやすくしている

政治家たちに訴えている。コミューンとしても、今後の最優先課題として取り組まなければならない命題である。

とにかくこのエレーブへムには、先ほども述べたように、現在二歳から四〇歳になる重度重複障害者が合計八人住んでいる。各部屋の個室を見ると、担当のスタッフたちがその人の年齢にあわせた形で部屋のコーディネートをしている。幼い女の子の部屋には赤やピンクの家具や調度品、そして人形やオモチャが揃えてあり、一〇代の男子の部屋は、カーテンがブルーで、ロックバンドのポスターや高価なステレオが置かれている。障害の程度はといえば、ほとんどが意思表示のまったくない人ばかりである。先天的な脳障害、水頭症、事故後の脳障害など、寝たきりになるか重度の知的障害で意味もなく徘徊するような人ばかりである。

しかし、ここでの彼らの生活は、毎朝、学校へ行く人はリフト付き移送タクシーで学校へ行き、仕事へ行く人はデイケアセンターまで通勤という、まったく一般家庭と何ら変わりない生活を送っている。スタッフは時間交代で出勤し、障害者とともに出かける者とエレーブへムに残って家事や雑用をする者と、仕事の分担を決めて順番でこなしている。当然、夜勤の人もおり、二四時間のケアがここでは得られるのである。

私が作業療法士として受け持っている二人の子どももここに住んでいる。水難事故で脳障害をきたした少年は、すでに一七歳になっている。部屋はブルーで統一され、木枠のベッドの下には電動で上下移動ができるリフト装置が取り付けられており、スタッフが働きやすいように配慮されている。ベッドの脇にはステレオが置かれ、CDが並んでいる。スタッフが好きなのか、この少年が反応する音楽だからなのか、流行のロックアーティストのポスターが貼られている。細く硬直した腕には、皮で編んだ腕輪がはめられている。そのほかメタリックな調度品が、いかにも一七歳の少年らしい部屋となっている。

各自の部屋から続く共同のバスルームを過ぎると、同じく共同の居間と台所がある。この居間の隅に寝転んで余暇を過すこの少年のために、スタッフはスヌーズレンコーナーをつくった。海の好きだった少年のためにベッドから見える壁は青く海のモチーフで、魚の飾りがついた網が飾られ、天井には空色のカーテンが張られ、雲の形をしたクッションがぶら下がっている。照明といえば小さめのミラーボールがあるだけで、同じく小さなスポットライトがあてられている。彼はいつもそこで余暇のほとんどを過し、音楽を聴きながらマッサージをしてもらっている。

両方の介護チームが交代で利用できる小さな共同の部屋に、ホワイトルームもつくられている。窓は白いブラインドで隠し、白いカーテンをさらにかけ、シングル用の白いウォーターベッドがコーナーに置かれてある。ホワイトルームには必須アイテムのミラーボールとスポットライトをあて、ステレオの音響もよい。そして、サイドグロウの光り輝くビニールの線を身体の上にかけて、スタッフとともに午後や週末のひと時を過すのである。

バスルームは、リフトやジャグジー付きの障害者専用のバスタブがある。電動で上下に移動でき、青いゴムマットのようなベッドに利用者が寝転ぶと、水圧でバスタブの中へゆっくりと沈んでいく。温かい水と無数の泡にすっぽりと浸る入浴の時間は、障害者にとって全身で心地よさを感じることのできる唯一のひと時であろう。常に清潔に保たなければならないバスルームは、リフトや電動装置のついたメタリックな機械ばかりが目に入り殺風景で冷たく感じる。それを少しでも改善しようと、植木を置いたり、カーテンを明るい色にしたり、ミラーボールを取り入れたりしてバスルームに温かい雰囲気を与えている。

週末になると、両親のいる自宅へ帰る人もいるし、逆に両親や家族が会いに来る人もいる。するとエレーブヘムのホワイトルームは、家族がともに過せる楽しい部屋に変わる。ベッドに寝転んで、一緒にいるということだけで最大の愛情を表現する時間となるのだ。ここに子どもを預ける家族は、何らかの理由で障害児を自宅でケアすることのできない人ばかりである。とはいえ、これはほんの一部で、ほとんどの人々はこの国のたくさんの医療福祉の恩恵を受けながら子どもが成人するまで自宅でケアを続けている。場所が自宅であれグループホームであれ、誰しも人間として有意義な日々を過す権利をもっているし、自らその権利を凝視できない人々には周囲の者が援助してあげなければならない。

◎アンネベルイ（Annneberg）特別訓練学級——マルメ

スウェーデンにある特別学校は、地域の普通学校の同じ敷地内か、あるいは同じ建物の中の一角に造られていることが多い。そして、その特別学校は「特殊教育学級」と「特別訓練学級」の二つに分かれている。前者には身体的障害のない知的障害児が通い、後者には重度知的障害児、あるいは身体的重度重複障害児が通っている。休憩時間には校庭で健常児とともに遊び、食堂でともに食事をし、体育館も交代で使っている。ここアンネベルイの特別訓練学級は小学校の中にはあるが、通ってくる子どもたちの中には中学校、高校クラスの年齢の子どももいる。

ここの特殊教育学級は統合を図るために、二週間に一度、金曜日に開催しているお楽しみ会に小学校六年生の普通クラスの子どもたちを招待している。クイズ対決と称して、重度知的障害児と健常児を交えた三人のグループをいくつもつくり、それぞれのグループがクイズに挑戦してその成績を競い合うのである。このときのクイズは知識を要求するものではない。たとえば、バケツに向かってボール投げをして一番たくさんのボールを入れられるグループを当てたり、誰が一番早くコーラを飲み干すかなどといった他愛もないクイズである。

また、重度知的障害者の中には、自閉症独特の兆候で何かに特別に関心をもつとそのことに関しては特異な才能を発揮する子どもがいる。その才能を生かせる数字を記憶するクイズや電車の駅名などを当てるクイズでは、普通児と対等に、あるいは優位に競うこともある。重度知的障害がゆえに健常児のクラスには行っていないが、健常児も及ばない科目があることをこうしてみんなに知らせるのである。

一緒に歌を歌うときは手話を使うのだが、この手話も、健常児は重度知的障害児から学んだりする。また、アフリカから移民してきた知的障害の子どもが得意とするアフリカンドラムを健常児たちに聞かせたりもしている。健常児もドラムに挑戦してはみるのだが、なかなか思うように音が出ないため、また教えてもらっているというほほ笑ましい光景も見られる。

このように、積極的に交流を図ることを教師同士で決めるのである。こうすることによって障害児がもつ特異な行動を理解して、異端視する目をなくし、同じ環境で一緒に遊んだり学んだりする楽しさを味わうのである。よって、ほとんどすべての学校で、夏至祭やクリスマスなどのイベントが統合された形で行われている。

地域によっては、この特殊教育学級を設けないで、アシスタントを雇って健常児のクラスへ障害児を入れているところもある。これは、主に低学年のクラスに多い。その場合、朝の点呼やお話の時間にはみんなと一緒にいるが、国語や算数などの時間になるとアシスタント教師とともに別の部屋へ行って知的障害児が学習できる範囲のことを学ぶことになる。そして、休憩時間になるとまたクラス全員で遊ぶのだ。低学年の授業自体が型にはまった授業ではなく小さなグループに分かれるという流動性のあるものなので、知的障害児が別の部屋に移動しても違和感は全然ない。私もこのようなクラスの授業に参加したことがあるが、休憩の時間になるとほかの子どもたちと元気に遊んでいたり、靴の紐が結べない子どもの面倒を女子生徒が見ていたりして、何ともいえない温かい雰囲気の光景であった。

どのタイプの学校に子どもを行かせるかの最終的判断は両親が下すのだが、スウェーデンでは希望すればこのような解決方法もあるわけだから、子どものことを考えてもっとも適した学校に通学させることができるのである。

スウェーデンでいう「統合」は、日本のそれとは少々ニュアンスが違う。日本ではとかく平等を考えて、とにかく普通学校へ子どもを入れればそれでよいと考えがちである。子どもの学習能力などを考えると、決してそれはよい結果を生まない。クラスの中で常に自分が人より遅れていることを認識させられ、多くの場合、劣等感を植え付けられて精神的にもギブアップしてしまう。中には、クラスの生徒の助けを借りたり素晴らしい教師に恵まれて楽しい学校生活を送る優秀な人もいるが、一般的には学校側のサポートもなく、親が手となり足となることを強要され、一種の挫折感を感じる場合が多いであろう。

スウェーデンの学校では、家族の手助けなしに対等に教育が受けられるように社会的な配慮がなされている。また、そうあるべきことが前提となって統合教育といわれているのである。だから、子どものニーズに合わせたサポートを提供して学校やクラスが統合していくのである。親の面子を考えての統合ではなく、子どもにとって最良の教育を与えていくべき制度が充分に確立されているといえる。

ここで述べているアンネベルイ特別訓練学級は普通学校と同じ敷地内にある特別学校で、小学クラス、中学クラス、高校クラスとあり、その教室それぞれにスヌーズレンの工夫がされてある。長い廊下には、さまざまな感触を楽しむことができる飾りが至る所に置いてあり、訪問者の目を奪っている。嵐のあとに浜辺に打ち上げられたような大きな古びた板に、健康用品を売っているお店で買ってきたようなブラシ、タワシ、ヘチマ、海綿などがぶら下がっている。砂の入った大きな器もあり、その中には貝殻も置かれてある。

教室の片隅は濃い青色のカーテンで仕切られ、そこの床には空気で膨らんだベッドが置かれてある。そのコーナーには豆電球の散りばめられたさまざまなライティング効果が天井を覆い、バブルユニットが勢いよく泡を放出している。またその横のほうには、大きなダンボール箱でつくられたスヌーズレンもある。これは補助器具で立位の姿勢をとっている生徒のために考え出されたもので、上半身だけをすっぽりと覆うスヌーズレンなのだ。このダンボールの中は濃い青色のペンキが塗

アンネベルイ特別訓練学級のスヌーズレン

られ、点滅して輝くオモチャがぶら下がり、手を少し動かすだけでオモチャから音が出るようになっている。

天井からは、フラフープのような小さな輪にカラフルなビニールテープがくくりつけられており、流れるように長く尾を引いている。これを必要に応じて天井から上げたり下げたりして、座位を保っている子どもの目の前に置いたり、すっぽり被せたりして、ビニールテープの感触を楽しめるようにしている。普通に動ける人は一日のうちに何度も姿勢を変えることができるが、重度の障害者は同じ姿勢で一日を過ごすことになる。これがいかに苦痛なことなのかは説明しなくても分かるだろう。障害者の身体的負担を少しでも軽くするために、座位を保つための椅子を何度も変え、立位もさまざまな補助器具でサポートしている。

スヌーズレンを並行して使用することによって、衛生面や介護というケアだけではなく精神的な刺激も得られ、単純に過ぎていきがちな一日に変化が加わるようになる。スタッフも、自分がつくり出す工夫によって障害者たちの反応が見られるようになり、少しかもしれないが進歩のあることが発見できたりして仕事の励みとなっているようだ。

フローエット（froet）デイケアセンター――マルメ

ここは、病気や事故などで後天的な脳障害を受けた成人が集まるデイケアセンターである。歩行者天国が続く、マルメのメーンストリートの中心地に設立されている。かつて倉庫として利用されていた建物を改造してデイケアセンターになった。デイケアセンターにかぎらずさまざまなサービスセンターは、市内のどこからでも歩いていけるほどの至近距離が本来はちょうどよい。そこまでは無理でも、空気のよい所がよいとばかりに、自然の多いまるでリゾートハウスを建てるような山の奥や海の果てには建てないほうがいい。確かに空気はよいかもしれないが、社会生活から隔離されてしまうことを考えたら百害あって一利なしだ。

　このフローエットはびっくりするほど街の中心部にあり、どこからでも市内を走るバスを簡単に利用できる。車椅子を利用している人は、コミューンと契約しているタクシー会社にリフト付きの移送タクシーで送迎してもらえるわけだが、所要時間などを考えても街の中心にあるということは非常に便利で適度の社会的刺激を受けることにもなり、リハビリということからしても非常によい。

「フロー（Frö）」とは「種」を意味していて、地に落ちた種が芽を出すのを考えて命名したそうだ。スタッフの願いは、このセンターの一人ひとりに新しい種を植え付けていきたいということだった。ここに、私とともにハビリテーリングセンターで作業療法士をしながらスヌーズレンを夢見てきた友人イローナが、スヌーズレンを主体にしたデイケアセンターを創設した。その彼女は、現在ここの所長を務めている（二一ページにて前述）。

　ここは、一九九四年にできた「ＬＳＳ法[1]」の第二と第三のグループに属する利用者のために開かれている。ＬＳＳ法に属する第一は、知的障害者や自閉症など、第二は、成人になって病気や事故で脳損傷をきたし機能障害をもつ人、第三は、身体的、精神的障害のために日常生活が通常にできない人、とされている。フローエットに通ってきている人々の大半は、第二に属している人が多い。

居住地の社会保険事務所に利用対象者が医療チームの証明書などを提出し、担当の監察者が判断をしてフローエットの利用を許可してくれる。現在、約四〇人が登録されており、一三人のスタッフでサービスを提供している。それぞれのニーズによって来る日が違っているので、だいたい平均して毎日二〇人が利用している。それも、一度にみんなが来るのではなく、その人それぞれにあう時間を決めてフローエットと契約している。個々の自主性や積極的な活動への参加、またその意義を尊重しているのだ。

今述べたように、スタッフは常勤が一三人となっているが、実際には産休や学習休暇などで分割勤務している人が多いので、実際の延べ人数は二〇人近くとなっている。要するに、一〇〇パーセント勤務のところを二人のパートタイマーが半分ずつ行っていると考えてもらいたい。それ

（1）（Lag om stod och service）一九九四年に元来の「社会サービス法」を改正して、特別に医療福祉サービスを掲げて制度化したものである。この法律では、特定の機能障害者を三つのグループに分けて、個別援助、ヘルパー所有の時間、ショートステイホームなどの利用権、さらにパーソナルアシスタントなどを個人で雇用できるようにした。

によってマンツーマンのサポートが常時できるようにしているわけだが、重度障害をもつ利用者に三人のスタッフがつくこともあれば、逆にたくさんのサポートを嫌う人もおり、さまざまである。

ここに利用者が来ると、まずスタッフの一人がその担当者として選ばれる。担当者は利用者の相談役を兼ね、そのほか家族とスタッフ間のミーティングの呼びかけや、社会保険事務所などの行政との連絡係もしている。そのミーティングでは、利用者がデイケアセンターをどのように利用したいか、何がしたいのか、またどのくらいの時間が必要なのかなどを話し合い、リハビリも兼ねて一つの利用プランを作成していく。その利用プランにそって、センター内の各部屋を充分に利用できるのだ。それでは、このデイケアセンターにある部屋を紹介していこう。

アトリエ（作業室）――絵画、織物、陶芸などができる部屋。目で見て作業するなど、視覚や手の触覚認知や機能訓練のために使用している。また、物をつくるという創造へのプロセスを学び、利用者自身が自分の目標を見つけていけるようなリハビリをしている。

体操の部屋――理学療法士が責任者として管理しているこの部屋には、コーナーにジムが併設されており、筋肉を強化するために各種の用具が装備されている。マッサージ士や東洋医学の針士も、週に何回かここに来る。痛みを和らげ、コンディションを高める格好の場所であり、誰もが気軽に利用できる訓練室である。

コンピューター室――文字通りここにはコンピューターがあり、スキャナー、ゲーム、グラフィックプログラム、デジタルカメラなどの必要となる付属品が揃えてあり、インターネットも無料でできる。この部屋を利用する人は、毎日の出来事や連絡帳をパソコンやデジタルカメラで記録し、それをプリントアウトして家庭への連絡や報告に利用している。デジタルカメラのおかげで、日々の記録が文章だけではなく画像でとらえることができるようになり、利用者の間で非常に人気のある部屋である。

図書室――利用者が自分の病気をもっと知りたいときなどのための簡単な医学書、創造意欲を掻き立てる趣味の本、そのほかの一般書物、雑誌、新聞などが置かれている。ここには、ラジオやテープレコーダー、CDなど、盲人や文章の読めない人のために耳で聞けるような装置も設備されている。またこの部屋は、言語療法士がコミュニケーションの訓練をするときや、暗記や集中力の必要なときにも利用されている。

暗室――写真の現像をしたり、ビデオの編集もできる。若い人には人気の部屋。

音楽室――ここには、毎週ミュージックセラピストがやって来る。あらゆる楽器を試してバンドを組んでいる人もおれば、一人で楽器を楽しんでいる人もいる。小さな部屋だが、ドラムセット、エレクトーンやエレキギターが所狭しと並んでいる。

この音楽室でもっとも喜ばれているのが、ミュージックセラピストが歌の時間と称して発声の訓練などをするときである。みんなが参加して覚えている歌を歌ったり、新しい歌を練習したりと、ワイワイガヤガヤと楽しんでいる。

月に一度は、地域のデイケアセンターの利用者や家族を呼んでミュージッククラブを催している。利用者がつくったお菓子やケーキをコーヒーとともに売り、ライヴ演奏をするのだ。私が見たときには、昔、スウェーデンだけでなく全世界で流行っていたアバ（ABBA）の特集だった。デイケアセンターの利用者である演奏者がアバの仮装をして、ミュージックセラピストとともに歌っていた。黒い長い髪のカツラをすっぽり被った男性はタンバリンを叩いて歌っていたが、途中で「暑い」と言ってカツラを脱いでしまった。セラピストの指導のもとで共演となるわけだが、聞いていても踊りたくなるほど楽しい演奏だ。フローエットの近くにあるもう一つの成人の知的障害者を扱っているデイケアセンターから見に来ていたグループも喜んで嬌声を上げ、身体を揺らして楽しんでいた。ともに大声を上げて歌っている人もいる。もちろん、彼らと一緒に来ているアシスタントたちも楽しんでいる。自分たちだけで演奏を続けていくのではなく、ほかの人の前で演奏するという主旨のもとに開かれているミュージッククラブは、デイケアセンターでもみんなが楽しみにしている行事である。

余談になるが、私がスプリントづくり[2]を手伝ったアンデス（Anders）も二〇歳を超えたので、ハビリテーリングセンターを終えて成人対象の地域のデイケアセンターであるフローエットに通っている。彼は一六歳のときにオートバイの事故で脳障害となり、今では左手の親指を動かせる程度で全身が麻痺している。月一回あるミュージッククラブに私が訪れると、覚えていてくれたのか、言葉はなかったが「あぁあぁ〜」と親しげに笑ってくれた。事故後、知能は低下していないことが徐々にだが分かってきた。現在ここで、コンピューターを利用してコミュニケーションをする訓練をしている。

彼とともに演奏を見ているボッセという利用者は、車椅子に座ってここでのひと時を楽しんでいる。歌が好きなボッセは記憶障害があるので、歌詞を覚えたり歌ったりする訓練を受けている。毎月のこの演奏会は、彼にとってもみんなに自慢の喉を披露できるチャンスなのである。観客もよく知っているので、マイクをわたされてステージに出ていくボッセにやんやの拍手喝采である。音程はときどき外れてはいたが、声量のあるよい声でみんなを楽しませてくれた。

木工所——スウェーデン人は、小学校から技術家庭の時間に木工をする。サマーハウスなどの改築を自らする人が多いのも、こういうところから分かる。だから、フローエットのようなセンターにも必ず木工のできる部屋がある。ここには、電動ノコギリやドリルなどの機械が置いてあって、ちょっと見た目には危険ではあるが、簡単な大工仕事ならば完璧にここでこなせる。木工が大好きなスウェーデン人にとっては、何かをつくりたいという制作意欲を掻き

（2）手や手首を固定するサポーターの役目をするものでギブスのように硬いオルソプラスチックという材質でつくられている。詳しくは、拙著『スウェーデンの作業療法士』九一ページを参照。

立てる部屋である。

トレーニングキッチン――日常生活に欠かせない、文字通り料理を訓練するところ。卵を茹でる、コーヒーを沸かす、サンドイッチをつくるなどの簡単な料理も、事故や病気の後遺症が理由でできなくなる人が多い。両手は自由に動くのに、料理の順序が分からない、調理器具が使えないなど、それらの作業をまた一から始めて覚えていくのだ。包丁はどのように使うか、卵や調味料の順序はどうなっているのかなど、料理のプロセスを改めて訓練する重要な場所となっている。

スヌーズレン――ウォーターベッドに横になって休憩する部屋、リラックスできる癒し系の音楽を聴きながら一日の緊張感を解きほぐしていく部屋。しかし、若い人はこの部屋でラップやハードロックを部屋いっぱいにガンガンかけて緊張をほぐしている。スヌーズレンでは環境音楽だけしか流さない、と思い込まないでいただきたい。利用者の好みなどを知って、流す音楽を選んでいく必要があることも忘れないでもらいたい。

バスルーム――トイレへ行けなくて粗相が生じた場合やトイレの使用方法、あるいは風呂への介助が必要な場合など、衛生面を日常からきちんとしていくことをここで学ぶ。二〇平方メートルほどの、さほど広くないプライベートが守れるだけのバスルームである。

日本の施設を訪問したとき、とかくバスルームが広くて、数個のメタル製バスタブが置いてあったりしたのだが、これではプライバシーが守れないと思った。温泉や健康ランドのように広いのはよいのだが、みんなでお風呂に入るわけではなく利用者と介添えのスタッフという立場上、もう少し植木やカーテンで仕切るなどしてプライバシーを尊重して欲しいと思った。

カフェ――トレーニングキッチンで料理したりお菓子を焼いたりしたものを、ここの共同カフェで売り出している。利用者や家族がともにくつろげる部屋であり、食事もできる。ミュージッククラブなどのように訪問者を外から招くときも、この広い部屋を利用する。淡いオレンジ色の壁にグリーンの柱とちょっと目を見張る色合いだが、窓辺の植木も青葉が美しくマッチしている。

ここへ来る人たちは、事故や病気に遭う前は普通の生活をしていたわけで、当然のごとく一定の生活リズムをもっていた人たちである。だから、その人たちが少しでも元通りに復帰できるように、ここではリハビリを中心とした活動をしている。よって、毎日とか、一日中をここで過ごす人はいない。週に数回来る人、午前中だけ来る人などとさまざまで、一人ひとりの予定表を担任のスタッフと利用者、その家族らとともに立て、自分ができる能力を発揮してフローエットの活動に参加しているのだ。

ここでは、フローエット内だけの活動ではなく外にもどんどん出ていく。デパートにある商品を見つけるオリエンテーリングの訓練、買い物をするためのテクニックなど、社会への復帰をいち早く行うためである。中心街に位置するフローエットとしては、これらのことをするのにも非常に便利である。また、郊外の森や海に遠出をすることもあるし、週に一回は乗馬セラピーもある。自然の中で楽しむことや、筋緊張をほぐす役割があるといわれている乗馬は利用者みんなから喜ばれている。

これらの部屋をもつこのセンターでもっとも特徴のあるところをいえば、壁や天井の色彩であろう。目に入る色によって引き起こされる深層心理効果を考えて、六〇種類もの色が館内のさまざまなところに塗られている。フローエットでいう色のもつ効果を簡単に述べれば、次のようになる。

赤色――暖かく活動的でエネルギーを充電してくれる。身体的には、心拍数や血圧を上げ、新陳代謝を促進してくれる。

黄色――覚醒状態で思考の色ともいわれ、探求心や学習力を上げてくれる。

青色――涼しく穏やかでリラックスさせてくれる。安定感や集中力を養ってくれる。

緑色――安心感を与え、平穏な気持ちになれる。

紫色――暖かくも冷たくもない中性色で、上品な神秘的な色として古代エジプト時代から利用されている。

このフローエットでは、改造する段階でカラーセラピストに相談してこれらの色を決めたという。色彩に関しての実験的試みで面白いと思うが、まだ実証されたわけではない。しかし、教育界の先駆者といわれているルドルフ・シュタイナー（Rudolf Steiner、一八六一～一九二五）は、自らつくったワルドルフ学校での教室の色を学年別に分けている。年長クラスでは冷静な知識の色である青色系統、年少クラスは暖かい赤系統にしている。色彩の心理的影響の有無を研究対象にしている心理学者もいるそうだから、やがて実証されることだろう。今後、それらの結果を期待したいと思う。

ニンブスガーデン（Nimbusgarden）自閉症リソースセンター――ルンド（Lund）

ここは、自閉症を対象者としているリソース（予備）センターである。ここには、付属の寄宿舎とグループホームやショートステイホームがある。そして、自閉症を対象にした学校がスヌーズレンと同じ館内にある。ここも、前述したマルメのヒリエデイセンターと同じく、ティーチメソードを中心にして活動しているセンターである。

ニンブスガーデンは、スウェーデンの中でも早くからスヌーズレンを取り入れてきた。一九九二年には、すでにそこへ利用者を迎えていたのだ。七つのスヌーズレンの各部屋を、責任者のペトラ（Petra Tufvesson）に案内してもらう。

マッサージルーム――マッサージルームには、電動で上下するマッサージ用のベッドが置いてある。ここでは、スキンシップ拒否という、自閉症者が往々にしてもつ壁を乗り越えるために少しずつ手をマッサージするところから始めている。もちろん、アロマセラピーも常備している。

バスルーム――バスルームにはジャグジーのバスタブが置いてあり、部屋全体がタイル張りとなっている。淡いブルーが落ち着きを醸し出し、壁には観葉植物が飾ってある。天井が高く、上方の半分がガラス張りになっており、空が見える。上のほうには自動的にシャボン玉が出てくる機械が設置されてあり、ジャグジーの中で寝転びながらシャボンがふわふわとする情景が見える。

ハプニング廊下――「ハプニング廊下」とは面白い命名だが、要は、床の一部が動きや音によって点滅したり、その色が変化したりするセンサーが取り付けられてあるのだ。つまり、歩くと足音の代わりに高らかにメロディが鳴ったりするのだ。また、天井からぶら下がっているライトの下を歩くと、センサーが察知していろいろな音が出てくる。壁一面に取り付けられた器具はさまざまな形をしており、その感触を楽しむこともできる。

ブラックライトルーム――ブラックホールともいえるこの部屋には、蛍光グッズが置いてある。中に入ると、トンネルか穴蔵に入ったようであまり気持ちのよいものではないが、自閉症の利用者の中にはこの部屋が大好きな人もおり、ここにいると逆に落ち着けるというから人それぞれなのであろう。

アクティヴィティルーム——ボールプールにはカラフルなボールが詰まっており、天井には円型の鏡があり、寝転んでいる自分の状態が見える。壁にはソーラープロジェクターで液体の抽象的な模様が映し出され、そこにスポットライトがあてられている。すぐそばの壁にはバスケットボールのリングが取り付けられており、ボールプールからボールを投げ入れられるようになっている。部屋の隅には、座ると抱っこされるように身体を包み込んでくれる柔らかい椅子が置かれている。天井を見上げると、カラフルな小さなちょうちんがコーナーにたくさんぶら下がっていた。

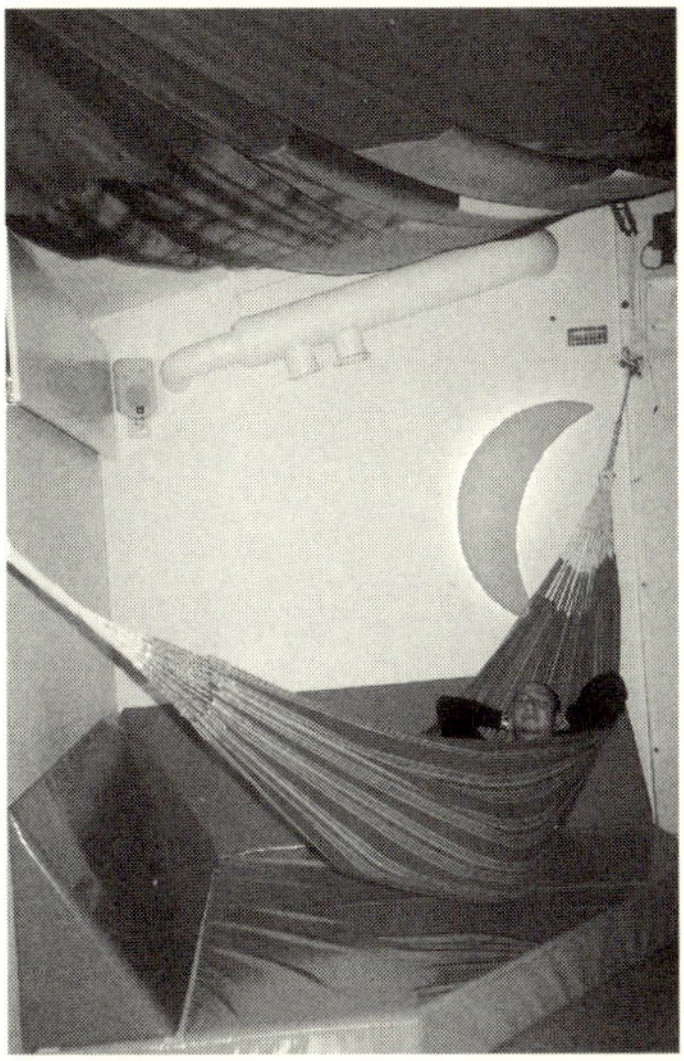

黄色い部屋。ハンモックにゆったりと寝る

壁には日常に使う器具が取り付けられてあり、触る感触を楽しませる。

黄色い部屋――黄色い部屋は「触覚の部屋」ともいって、ウォーターベッドがあり、スピーカーから流れ出る音が振動して身体全体に響くようになっている（バイブレーションシステム）。天井からはハンモックもぶら下がっており、そこでリラックスする人もいる。壁には、音に反応するセンサーが付いており、それによって壁の光を変化させている。

このニンブスガーデンは、非常に人気があり利用者が後を絶たない。社交性に問題がある地域の障害者や住民なども、ここを喜んで利用している。これまではコミューンが経営していたが、二〇〇二年から民間に委託されることになった。だからといって、運営内容が以前と変わったわけではない。

さてここで、自閉症が含まれる病気を簡単に説明する。当初、すべてを含めて「ＭＢＤ（**Minimal Brain Damage** [**Strauss and Lehtinen, 1947**]）と呼ばれていた。日本語では「微細脳損傷症候群」として知られているが、現在では主に「ＬＤ（**Learning Disabilities**、学習障害）」と日本では言っている。スウェーデンをはじめ北欧では、ＭＢＤという脳損傷を強める言葉ではなく、もっと症状を示す言葉として「ＤＡＭＰ（**Deficits in Attention, Motor control and Perception**）」という言葉を使用するようにと、一九九〇年の精神科医を中心にした北欧エキスパート委員会で決められ、以後スウェーデンでは一般に「ＤＡＭＰ」を使っている。

ハビリテーリングセンターには小児精神科と協力して専門家が集まる「BNT（Barn Neurologisk Team）チーム」、いわゆる小児神経専門チームをつくっている。私も、このチーム専門の作業療法士になっている。主に、上肢の運動機能、感覚統合、日常作業評価をし、住宅改造をするのが私の責任範囲の仕事である。このBNTチームには、マルメだけではなく近郊からも子どもの調査が依頼され、チーム全体で評価して診断を下している。

DAMPにも症状によっていろいろあり、ADD（Attention Deficits Disorder、注意の集中力障害）、あるいはADHD（Attention Deficits Hyperactivity Disorder、注意の集中力と活動性が高すぎるかまったく低すぎる場合）、MPD（Motor and Perception Dysfunktion、運動機能と感覚の認知障害）などに分けられている。知能はほとんど正常の場合と代わりないが、学習能力や活動状況に異常があり、言語能力、注意力、認知能力、運動機能などの障害が見られる。原因は中枢神経機能が片寄りをともなうものとされているが、まだ解明はされていない。

これらに見られる症状のまったく対極に位置するものとして「自閉症（Autism）」といわれる病名がある。以前は精神病に分類されていたが、現在ではDAMPの中に含まれている。ADHDに見られる行動のハイテンションなものから、逆にローテンション、つまり活性化の見られない状態で内に閉じこもって自分だけの世界に浸る症状をいう。日常生活や対人関係に異常を来たし、パニックに陥ると物を投げたり叫び声を上げたりの衝動的行動の制御できない状態になる。

この自閉症の中には、「アスペルガー症候群（Asperger）」という、没入型で狭い範囲の興味だけに意識が集中し、それに関しては天才的なレベルとなる人もいる。たとえば、目で見る建造物すべてをまるで写真で撮ったかのように絵にしてしまう子どももいる。窓枠一つ、飾り一つをそっくりそのまま描くのである。また、音楽を一度聴くだけでそれをピアノでいとも簡単に弾いてみせる子どももいる。計算の得意な人、電話番号すべてを覚えている人など、さまざまである。天才的なこの能力を学術研究などに注ぐことができる人の中には、大学の教授になれるくらいの人も出てくるのである。

余談であるが、私が働いているハビリテーリングセンターに成人の知的障害者が運営している喫茶店があるが、そこにマーティンというインドからの里子がいる。彼は人との会話も普通にできるし、ジョークも言うし、一見すると一般人となんら変わらない。彼はＤＡＭＰと診断されており、パニックに陥ることや自分の感情をコントロールすることができないことをよく自覚している。人なつっこく気軽に声をかけてくるが、社会的なルールが少々欠けているのが分かる。彼はピアノが小さいころから大好きで、一回音楽を聴けばすぐに両手でピアノを弾くことができるのだ。彼が観た映画のバックミュージックなどをたまに弾いて聞かせてくれるが、見事としか言いようがない。

また、同じように料理が得意だ。味覚が鋭いのか、彼がつくる料理はなんでも美味しい。料理方法を聞くと、「自分でも分からない。手分量で調味料を混ぜて料理するだけだ」と言う。「美味しい、美味しい」と誉めると、また喜んで料理をつくってくれる。当然、彼の料理はセンターのスタッフにも大好評である。この料理の得意さを生かして、保育園で調理師として仕事をしないかという話が舞い込んできた。その話を彼は喜んで受けて早速保育園に行ったが、二ヶ月ほどしたある日、喫茶店に戻ってきた。

なぜ辞めたのかと話を聞くと、料理をしているときに保育園の子どもが入ってきて邪魔をするのだと言う。保育園だから仕方がない。しかし、そのときに彼の中で何かが弾けるらしい。子どもが疎ましくなって、衝動的に手に持っている包丁で殴りたくなるというのだ。彼は「危ないでしょ……」と、眉をひそめて見るからにイライラした表情で私に言う。「だから辞めてしまった」と、まるで危機から脱したヒーローのようにさっそうとしている。

私も、早く辞めて正解だったとホッとしている。本人は以前と変わらない様子で喫茶店の仕事を再び始めたが、つい最近、今度は小学校で音楽のアシスタントをする話が舞い込んできた。試験的に雇われて現在通っているが、先日久しぶりに会ったときは、「今度はうまくいきそうだ」と嬉々として話してくれた。やはり、ピアノが弾けるということは彼にとっては心が和むことだし、誇りに思えることなのかもしれない。

「子どもが疎ましくなってもさすがにピアノは投げられないしね、安心だよ！」と、イタズラっぽい微笑みをたたえて冗談を言っていた。

彼にとっては台所にある調理器具すべてが何かをしてしまいそうな危険物だと知っていたからこそ、常にヒヤヒヤしていたのではないだろうか。しばらくして、彼だけのピアノのコンサートをハビリテーリングセンターで開いた。演奏だけではなく作曲に至るまですべて一人でこなした彼の演奏会は大成功で、スタッフ一同を魅了したのは言うまでもない。

もう一人の一三歳になるアスペルガー症候群の少年は、手の手術をした後に集中訓練のために私のところへ通ってきていた。外科病棟でギプスをとるときも、病棟中に響きわたるほどの大声でわめいて医者や看護婦を手こずらせた。ハビリテーリングセンターで手にはめる硬いスプリントをつくるときも、初めは少しも手に触れさせないほどであった。それをなだめすかしてつくろうとしたのだが、なかなか協力してくれなかった。そのうち、母親との会話から彼がエレベーターに異常に興味をもっていることが分かった。これまでに乗ったエレベーターについて、日付や場所、その製作会社の名前、さらには何階までのエレベーターだったかという、その特徴まで覚えていたのだ。私は、彼がその話に夢中になって説明してくれている間を利用して、難なくスプリントをつくることができた。以後の手の機能訓練も、「訓練の課題をクリアすればセンターのエレベーターに乗せてあげるよ」と約束するとおとなしく協力的になり、滞りなく訓練もできた。

このように、自閉症の人の中には天才的といわれるほどあることに関して素晴らしい能力を発揮する人から、本の端ばかり噛む人、着ている服をすぐに脱いでしまう人、ドアの開閉ばかりする人などといった異常行為をする人までいることを知っておいていただきたい。

日本で言われるＬＤ（学習障害）もＤＡＭＰの中に入る。感覚器官自体は正常に動くのだが、それをまとめる脳の認知器官に障害があり、俗に「トロイ」、「ニブイ」などと言われていることが多い。学習にしても作業にしても、流れさえ把握できればしっかり理解して作業を完了することができるのだが、突然、その過程を変更されると手も足も出なくなる。彼らのペースが守られるだけの配慮が周囲にあれば、真面目に仕事をこなすことができる人たちばかりである。

成長するとともにＤＡＭＰの症状がなくなるとは言い切れないが、通常に仕事をこなしている人も多いし、私の身近にも普通に仕事をこなしている人もいる。友人のエンジニアがその人で、話を聞くとやはり子どものころにＤＡＭＰという診断を受けていた。彼は、そのことを隠しもしない。人柄はおおらかでオープンマインド。話題に事欠くことがなく、非常に話が面白いので人気者である。しかし、とにかく計画性がなくもの忘れがひどいので周りの人が規律をつくってあげなければならない。これこれの仕事、この次はこれでと、目の前に予定を書いた紙を積んであげるのだ。そして、それが終わると休憩というふうに。

仕事自体は精巧に仕上げてくれるので、お客にも重宝されている。しかし、途中で邪魔が入ると、すぐにそれまでやっていたことをすっかり忘れてしまう。学校のときの授業の思い出話になると、彼は授業に集中できず、じっと座っておれなかったという。常に学校側とのトラブルがあり、高校も出席日数が足らなかったそうだ。でも、本さえ読めば簡単に学習はできたらしく、最終的には学校側の配慮で試験を口答質問にしてくれて卒業できたという。

そのほかにも、規則正しい生活を強いられるスチュワーデスをこなしている人もいる。食事のサービスも機内食の保管する場所もすべて規則正しく決められているし、枠内にあるので仕事がしやすいというのだ。周りのサポートさえあれば、彼らも充分に自分の才能を発揮することができるのである。

さて、話を戻そう。重度の自閉症の人たちが、ここルンドのニンブスガーデンに通っている。あるいは寄宿舎に住んで、週末にのみ自宅へ帰る人もいる。寄宿舎のほかには、グループホームやショートステイホームもここにはある。ここでの特徴は、自閉症の教育方法として知られている「ティーチメソード」を併用していることであろう。このティーチメソードについてちょっと説明したい。

日本では「ティーチプログラム」とも呼ばれ、英語でいうＴＥＡＣＣＨ（Treatment and Education of Autistic and related Communication Handicapped Children）という長い名前が正式名称である。一般には、略して「ＴＥＡＣＣＨ」という。直訳すると「コミュニケーションに関する障害をもつ子どもたちと行う自閉症教育、またその治療方法」となる。その歴史は、一九七二年にアメリカ合衆国のノースカロライナ大学で提案され、正式に自閉症およびコミュニケーション障害の教育制度として認可されたことに始まる。その後、アメリカ合衆国だけではなく世界的に最良の教育方法として、乳幼児期から成人期まで、また生涯にわたって福祉も含めて包括的に支援をしていくものとなった。

アメリカ合衆国では特別に七ヶ所ものティーチクリニックが創立され、ここでは評価、診断、個人成長のためのカリキュラム、社会性の訓練、職業訓練、それから家族へのカウンセリングなどが行われている。これらのクリニックのスタッフは、教室ではもちろん、グループホームや個人にかかわる周囲の人たちの理解を得るために奔走している。それだけでなく、各地域にある学校や職業訓練所にも呼びかけてティーチメソードを応用してくれるように呼びかけている。現在では、アメリカ合衆国だけではなくイギリス、デンマーク、スウェーデン、フランス、ベルギー、ブラジル、ヴェネズエラ、アラブ諸国、ロシア、日本、台湾のほか二〇ヶ国で利用されており、その効果を上げている。

主だった訓練としては、まず個人の活動評価を診断し、細かく構成された指導プログラムをつくってパターン化された一日を過ごすようにすることである。教育方法も同じく綿密な構造で行われる。このために、家族だけでなく、グループホームのスタッフや職業訓練所のスタッフもこの教育方法を学んで訓練をすることになる。ニンブスガーデンで自閉症者を訓練する教師のボー・ペッタソン（Bo Petersson）は、さまざまな例を私に紹介してくれた。

ある三〇歳の重度自閉症の男性は、朝八時から一五時半までの一日をここニンブスガーデンで過している。彼が登校すると、個人専用の壁に貼られている日課表を見る。日課表は、午前と午後の時間割が入っていてそれは小さな箱で構成されている。たとえば、名前のカードが箱の中にあるとそれは「集まり」を意味し、小さなプラスチックの籠が置いてあれば「仕事」の意味、この小さな籠を自分の机があるコーナーへ持っていくと、そこには前もって準備された仕事（課

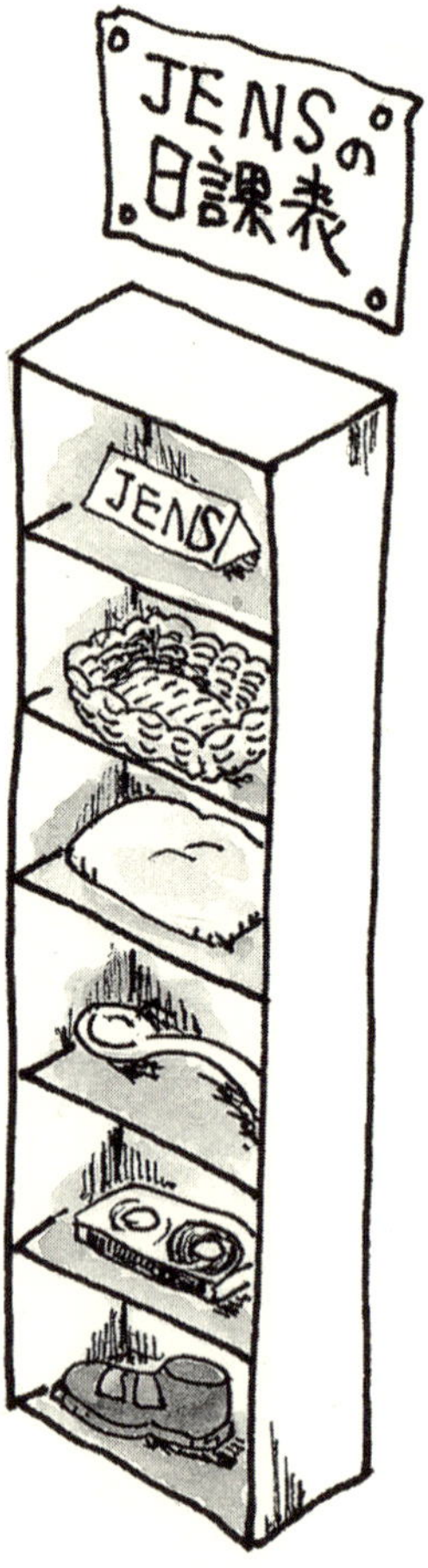

題）があり、それをクリアすることになる。仕事といっても、空き缶へボタンを三つ入れたり、積み木を色分けしたり、大きなレゴを重ねたりする程度の仕事である。

その次の日課表には小さなクッションが置いてあり、それはスヌーズレンを意味している。彼は自分が選ぶお気に入りのスヌーズレンの部屋でひと時を過し、昼食には、同じくシンボルとなっているスプーンを日課表からとって食堂へ行く。食堂のテーブルには自分が食べるコーナーの印が赤いテープで示されており、その中には、たとえばパンに何をつけるかということを知らせるためにバターとかジャムとかチーズの写真が貼ってあり、それを指さすと担当の人が欲しいものを与えてくれるというようになっている。

行為そのものは動物との関係に似ているが、一種のコミュニケーションだと考えてもらいたい。これは、自分の席でほかの人と一緒に座って食事ができるようにするための社会性を養う訓練の一つになる。規律や枠を設けなければ歩き放題に歩いて他人に迷惑がかかり、本人もろくに食事をとらずに痩せてしまうことが多い。訓練をすることで、やがては自分なりの枠を取り外しても家族やほかの人とともに食事ができるようになり、それによって団欒する機会も得られ、自分が欲しいものを示すことができるようにもなる。枠をつくって規制するのは、自閉症者自身が無限に広がっているかのごとくに思っている行動空間に対して感じる恐れや不安を取り除くためであり、それによって彼らに安心感を与えるのである。もちろん目標は、枠を取り外しても通常の生活ができるようになることである。

午後は、日課表箱にカセットテープが置いてあれば食後のひと時をテープレコーダーで好きな音楽を楽しみ、散歩のシンボルとなっているオモチャの靴が置いてある場合は散歩というようにして、一日をニンブスガーデンで過ごす。

ニンブスガーデンに住むシャスティンは一八歳になる重度自閉症の女性で、視察当日は洗濯当番であった。重度であっても彼女は、日課表箱のように具体的な物を置かなくても、絵文字で表にされた日課表を見るだけで理解できるようになっている。そして、当然のごとくそれに沿って生活をしているのだ。朝起きたときから、絵文字によってトイレに行ったり、洗面をしたり、朝食をとったりする。それから学校へ行って、帰宅をしてから余暇に音楽を聴いたり洗濯などをして、就寝するまでの予定を記した綿密な日課表の通りに生活をしている。

この日課表は、次の例で分かるようにスタッフの手で細かく分けられている。自閉症の程度によってこの日課表は簡単なシンボルマークであったり、文字で書かれたりしている。シャスティンの場合は文字が読めないので、この「ピクトグラム」と呼ばれているシンボルマーク（絵文字）が必要だった。視察に行ったとき、彼女はちょうど洗濯を始めるところであった。その順序を追ってみよう。

❶日課表から取り外しができるようになっている五センチ四方の洗濯の絵が描いてあるカードと自分の洗濯かごを持って、洗濯室へ行く。
❷洗濯室に入るとドアの脇に絵をくっつけるところがあり、そこには洗濯機の絵のカードが掛かっている。その洗濯機の絵と部屋から持ってきた洗濯する絵を交換して、籠の中の洗濯物を洗濯機に詰める。
❸洗濯機の絵の横にはスプーンが二個描いてあり、洗剤を二杯入れることが分かる。それから、ボタンを押す絵。彼女はその絵の通りに作業をする。
❹洗濯機の上には時計の絵が置いてある。洗濯機が回っている間、彼女は自分の部屋へ戻り、料理用の時計に絵で示されてある通りにタイマーをセットする。

就寝　パーティ　ベーキング　学校

ピクトグラム

❺洗濯が終わるまで、彼女は音楽を聴いている。タイマーが鳴り点滅すると洗濯室へ行って洗濯物を取り出し、同様に絵に描かれている通り乾燥機に洗濯物を入れる。
❻乾燥機の上においてある時計の絵をまた自分の部屋に持っていき、同じくタイマーのセットをする（洗濯物を取り出す作業は前と一緒）。
❼乾燥機から出してからは、たたむ服とハンガーにかける服に区別され、それぞれ洋服ダンスに入れるなどの指示がされている。

以上なのだが、それが終わると日課表の夕食の時間まで好きな音楽を聴いたりテレビを観たりしている。夕食の時間の知らせが鳴ると、日課表の夕食の絵を持って食堂に集まるのだ。夕食の準備をする当番の人が、すでに夕食の配膳を済ませて待っている。このようにして、シンボルマークの日課表にもとづいて生活をしているわけだ。

一方、このようなパターン化された生活スタイルを機械的でロボットのようだと、ティーチメソードを批判する人もいる。見た目には確かにロボット的ではあるが、予期せぬことや突然の変化が理由でパニック状態に陥る障害者のことを考えると、私は指導プログラムにおける生活が一番安心できる方法だと考えている。それどころか、ティーチメソードを利用することによって、逆に機械的でない生活をする訓練にもつながる。というのも、これらの重度の障害者は、放っておけば自ら生み出す束縛された生活を永遠に好んでするため、日課表がなければ同じ行為を毎日繰り返してしまうことになる。このティーチメソードを活用するおかげで彼らの行動範囲は逆に広くなり、また自活することも可能になるし、言葉がなくてもカードを見せることで知らない人ともコミュニケーションをとることができるわけだ。つくられた枠も徐々に取り外せる可能性もあるわけだから、決してロボット的だとは言えないと思う。ティーチメソードが、彼らの思考回路を補助したり補強したりしていると考えればよい。そして、能力障害のレベルにあった日課表づくりをおすすめしたい。

さて次に、地方にあるスヌーズレンを紹介したい。スヌーズレン自体は基本的に変わらないので詳しい説明は省くが、スヌーズレンを築いたときの考え方、どのような目的でどのような利用者を対象にしているのか、またその利用方法などを紹介していくことにする。

エルドラド（El Dorado）デイケアセンター——ゲーテボルイ（Göteborg）

「エルドラド」とは、「黄金の男」という意味のスペイン語である。エルドラドデイケアセンターの場合は、「黄金の男」というよりは「黄金の場所」という意味においてこの名前がつけられた。ここには、スヌーズレン、コミュニケーションセンター、喫茶店があり、重度重複障害者が毎日利用するためにやって来ている。

ここを造るにあたっては、かなりの問題があった。というのも、このエルドラドに重度重複障害を集めるということはインテグレーション（統合）に反すると批判されたからだ。つまり、なぜ統合しないで隔離するのかというのが批判の内容だった。しかし、現在では、このセンターが身体的、知的、重度重複障害者たちへの文化センターとなっている。一般の人も成人の知的障害者もここに来て図書館を利用したりしているし、ここに常時ある喫茶店ではケーキやパンを焼き、それを自分たちで販売もしている。月に何度かは夜も営業して、プロだけでなくアマチュアのミュージシャンたちのライヴ演奏も楽しめるようになっている。

全面統合でもなく、隔離でもなく、別な形でもって彼らを一般社会に統合させている。決して、社会参加を忘れているわけではないのだ。このほかにもコミュニケーションサービスがあって、評価や診断を下すのと同時に障害者の通う学校や職場へ行って援助もしている。

このエルドラドのスタッフには、作業療法士、余暇コンサルタント、ミュージックセラピスト、介護士などがいる。先にも述べたように、一種の文化センターの役割をしているので、ここで障害者の家族やアシスタント、教師などを対象に、スタッフや特別講師を招いて多様な講習も行っている。障害児をもつ親、また彼らを受け持つ教師にとっては未知なることばかりで、一体どうすればよいのかと壁にぶつかる人々が多い。エルドラドデイケアセンターは、その人たちのための「知識の泉」ともなっている。

このエルドラドのスヌーズレンの特徴としては、人間に必要な土、空、火、水の要素を取り入れていることが挙げられる。まず、入り口から「火」を象徴する赤色のビニールテープや布テープが天井からぶら下がっており、通るときに顔や手にあたり、すでに入り口からスヌーズレンを体感できるようになっている。車椅子でやって来る利用者はそれによってエルドラドに着いたことを知り、またそこから感覚の促進がなされる。自分から動けなくても、周りのものが身体に触れてくるようになっているのだ。

バブルユニットのあるホワイトルームは、ベッドもなくただ床が厚めの白いマットレスで覆われているだけである。どこに座っても寝転がってもいいし、部屋のライティング効果を充分肌や視覚で感じられるようになっている。そのライトも、自分の好きなものが選べるようになっている。「自分」といっても、この場合は障害者についてくるアシスタントたちが選ぶことになる。障害者の気持ちを代弁するのがアシスタントであるから、当然のことながら障害者のことをよく知っておかなければならない。彼らの好みにあわせて、いろいろな色のライトを選んでいくことになる。ライトを消すと、文字通りのホワイトルームに戻る。流れてくる笛の音色に聞き入りながら、ホワイトルームを堪能する障害者の様子を想像していただけるであろうか。

◎フォンテーン（Fontanen）デイセンター——ボロース（Borås）

一九九二年に、作業療法士のピルコ・ハンセン・ハウグ（Pirkko Hansen-Haug）を中心によって創立されたスヌーズレン兼デイセンターである。ここでは、事故や病気で脳障害を来たした成人を対象にしている。元は普通のアパートの一階で、診療所となっていたところを借り受けて改造してつくられた。スヌーズレンをつくるのには多額の費用がかかるといわれているが、ここでは私と同様安く仕上げており、約八〇万クローネ（当時）でつくったということだ。「フォンテーン」とは「噴水」という意味で、「生命の泉がある場所」という意味において名付けられたそうだ。

各部屋がスヌーズレンとなっているわけではないが、同じ理念を取り入れた工夫がされているところがここの特徴として挙げられる。テーマとなっているのは「回顧」で、音や味覚で過去の記憶を呼び覚ませようとしている。たとえば、オートバイの事故で運転ができなくなった人は、指一本でオートバイの音が出るキーボードで部屋いっぱいに広がる爆音を楽しんでいる。それによって、自分が好きで滑走していた瞬間を思い出すのである。また、あるロック好きな青年は、事故によってライヴ活動ができなくなった。大好きな音楽活動を、彼は後遺症の残る手で、ここに置かれてあるさまざまな機器を使ってミキシングしたりして好きな曲をつくったり聴いたりしている。

そのほかにもこの部屋では、ライティング効果の代わりにプロジェクターで思い出深い写真を壁いっぱいに映して見ることもできる。スタッフが自宅から持ってきたビデオカメラでデイセンターの日常生活の様子を撮影し、それを利用者と一緒に楽しむこともある。何をしてもすぐに忘れてしまう記憶障害のある利用者にとっては、この映像を見ることによって復習ができるよい機会となっている。

フォンテーンの台所は、味覚の体験場所となっている。夏には全員でイチゴ狩りをしてジャムをつくったり、アイスクリームづくりを楽しんだりもする。そしてここでは、利用者が幼児のころに親しんだ味覚を呼び覚ますことにも工夫している。スウェーデンには移民が多く、障害者の中にも移民の人が多い。その人たちに食べてもらおうと、幼児のころに食べた記憶のある母国のデザートをスタッフ一同で挑戦してつくることもある。利用者が記憶をたどりながら「これだこれだ、この味だ」と楽しそうに味わっている様子に、スタッフも「やったぁ！」という嬉しい気持ちになるそうだ。

台所のそばの部屋はアクティヴィティルームで、普段はゲームやパズルをしたりする部屋なのだが、ここにはたくさんの植木が窓枠に置かれてある。人工の香りの入っているオイルは一切使わないで自然の香りが嗅げるようになっており、触れると独特の香りが漂ってくる植木がたくさん置いてある。ハーブのプランタンがたくさんあり、ペパーミント、ラベンダー、コリアンデル、ティミアンと豊富にある。つまり、台所の横がちょっとした菜園になっているのだ。

ホワイトルームには、ウォーターベッドが一つ置いてあるだけ。白いカーテン、白い床、たったそれだけのホワイトルームである。経済的余裕がなく、それ以上のものは購入できないのでマッサージ室としても使っている。床には何も敷いていないのだが、それは移動用リフトを利用するときに、クッションやマットがあれば邪魔になるからだ。成人の障害者を移動するには、体重の重さを考慮すればこのリフトなしでは考えられない。

このように、工夫しだいで特徴ある利用方法が考えられるし、少ない予算とスペースでも十分にスヌーズレンはつくれるわけだ。

◎ヘンデルセリーケ(Händelserike)デイセンター――リーンショーピング(Linköping)

ここの設立の経過は前述しているので詳しくは触れないが（一〇ページ参照）、その特徴としては色彩がもつ感覚を重要視していることが挙げられる。「ホワイトルーム＝リラックスする部屋」、「グリーンルーム＝自然の森」、「ブルールーム＝海」、「ローズピンクルーム＝音楽」、「パープルルーム＝マッサージ」、「オレンジルーム＝運動・活動」、「イエロールーム＝バスルーム」という具合に分かれている。

フローエットのところでも記述したが、色彩による精神的安定を図る研究は常に世界のどこかでなされている。大きな工場では、製品を効率よくたくさん生産するために工場の壁を塗り変えて労働意欲を向上させようとしたり、刑務所では、リハビリのために、囚人のいる場所を興奮しそうな赤色は避けて心が落ち着くようにと緑色に塗ったりしている。学校の教室を色分けして、脳の活性化を図っている所もある。

ここへンデルセリーケでは、作業療法士が中心となって運営を行っている。現在、一〇〇人ほどの利用者が定期的に訪問している。重度重複障害者もいれば痴呆老人、精神障害者、保育園児、普通学校の生徒、脳血管障害者、知的障害者など多方面にわたっている。夕方や週末は、FUB（Förening För utvecklingstörd barn、知的障害者協会）やRBU（Riksförbundet för Rörelsehindrade Barn och Ungdomar、身体的障害者協会）などの協会に加入している人たちが利用している。

◎コラーレン（korallen）とラグーネン（Lagunen）デイセンター――ストックホルム（Stockholm）

一九九三年に、「コラーレン（サンゴ）」は一歳から一〇歳を対象に、「ラグーネン（潟）」は一〇歳から六五歳を対象という年齢に分けて、二つのスヌーズレンが都心につくられた。ここにも、ほかのスヌーズレンと同様にホワイトルームがある。ここで面白いのは、アクティヴィティルームを「サーカスの部屋」と称して子どもたちの興味をそそるようにしていることだろう。メリーゴーランドのようにクルクル回る乗り物や、空気の入った大きなクッションが部屋の真ん中にあって、子どもたちがその上を飛び跳ねている。

ここをつくった作業療法士のエヴァ・スヴェンソン（Eva Svensson）は、現在、ヘッスレホルムにあるハビリテーリングセンターで働いているが、つくった当時の模様を熱っぽく語ってくれたので、のちにインタビュー形式で掲載する。

ここにはホワイトルームが二部屋もあり、そのうえにマッサージ室、ミュージッククルーム、バスルームなどがある。八部屋に区分けされていて、総面積八〇〇平方メートルという、通常よりも大きなスヌーズレンセンターである。毎年、ストックホルム県内の利用者三〇〇人ほどが家族やアシスタントとともに予約している。入り口では風（扇風機）と光（ライティング）と水（水槽）の効果を使って、利用者を歓待している。部屋の真ん中に置かれている水槽では熱帯魚が泳ぎ、ジュースやコーヒーが飲める簡単なカフェもある。各自がお弁当を持ってきて、ほかの人と談笑できる場ともなっている。開館時間は**表2**のようになっている。

表２　開館時間

月曜日	９時～16時
水曜日	９時～16時、17時～20時
木曜日	９時～20時
金曜日	９時～16時
土曜日	10時～15時

土曜日が開いているが、その代わりに火曜日が休みとなっている。特別教育教員、作業療法士、心理療法士などのスタッフは六人で、それぞれが時差出勤をしている。

広い室内を利用して、一九九五年より作業療法士のティーナ・モード（Tina Modh）がほかの作業療法士たちとともに床の上に磁線のテープで線路をつくり、その上を磁気センサーで動く電動車椅子を走らせるというプロジェクトを組んで実行した。重度重複障害の利用者が一本の指でボタンを押すと前進し、その線路を伝っている間にさまざまな感覚が体感できるようになっている。つまり、電動車椅子に乗って動けば、天井からぶら下がっている紐やテープ、風

磁線線路の上を電動車椅子で移動

船などが顔や身体にぶつかったり音や光が出る仕掛けとなっているのだ。自分が運転することを除けば遊園地の乗り物に似ているが、これに乗れば重度重複障害の人も移動しているということが体感できるし、自分でスピードを調整したり、停止の操作も学習することができるようになっている。初めて電動車椅子をもらった人にとっては楽しい訓練であるし、なかなかユニークなスヌーズレンの活用法だと思う。

それでは、利用状況などについてエヴァの話を聞いてみよう。

Q：何か問題になっていることはないの？

A：年々利用者が増えるため、誰を優先するかで問題になるわ。それで、なるべくみんなに公平にと思って、期限付きの巡回利用にしたの。一年間利用したら、その次の年は休んでもらうというふうに。

Q：それで利用者は納得したの？　少し期限が長すぎない？

A：あんまり効果はなかったみたい。やっぱりみんな来たがって、頻繁に電話がかかるようになったわ。でも、利用する場合には継続して利用したほうがいいから一年間という期限にしたのだけど……。半年や三ヶ月という短期間だと、スヌーズレンを利用しているという実感が維持できないのではないかと思ったの。

Q：なるほど、そのほかの問題点は？

A：文化風習の異なる移民の利用者を理解するのが難しい。イスラム教の人は、バスルームを使用するときに服を着たまま水に入るし、身体に触れてはいけないからマッサージ室は利用しないなど、かぎられたスヌーズレンだけとなってしまうから全感覚体験にはほど遠くなるわ。

Q：ここでのスヌーズレンのよい面は？

A：よい面では、視覚障害や聴覚障害のある人でも感覚を体験できるという点。ある目の見えない利用者は、周囲のことが見えないから何が起こっているかを推測することができなくて、待機時間が長引いたりするといつも騒いでいたの。でも、スヌーズレンの部屋が楽しいということが分かってからは、部屋を利用したくて、部屋が空くまで自分の順番をじっと待つという忍耐力も出てきたわ。それから、重度障害児などが利用時間が過ぎてももっとその部屋にいたくて、部屋から出るのを嫌がるといった表現をしたときなどは、スヌーズレンが役に立っているなぁとつい嬉しくなるわ。

Q：ここでのスヌーズレンの仕事は、作業療法士としての住宅改造や日常作業の評価などからは少し離れていると思うのだけど？

A：まったく離れているとは思えないわ。作業療法士として、利用者の精神的な安定も考えてあげなければならないし、環境を変えることで日常生活に潤いや刺激を与えることができるという面では住宅改造にもつながるしね。それに、補助器具も訓練もここでも必要だし。確かに、作業療法を越えてスヌーズレンが中心だったから、病院やリハビリセンターで幅広く求められる作業療法よりはやりやすかったかもしれない。特別な訓練や学校や家庭訪問しなくてもよいけれど、その分スヌーズレンの訪問者は多いから内容的にはあまり変わらないと思う。

エヴァは、現在ヘッセホルムで働いているのだが、ここのハビリテーリングセンターにも新しいスヌーズレンをつくっている。自分が得意とする分野を実践できるのは楽しいし、嬉しいとも話してくれた。

残念ながら、コラーレンとラグーネンという八〇〇平方メートルの広い施設は、湿気が多くてカビが生え、スタッフも利用者もカビに敏感になってアレルギー症状が発生したために一九九九年に引っ越しをした。現在は、少し離れた所に、縮小されて同じ内容のものがつくられている。

バルデスヒュース（Baldershus）特別訓練学校——ノルテリエ（Norrtälje）

外見は木造の普通の家である。しかし、一歩中に入ると、まるで天国のようにホッとする部屋が続く。ここは特別訓練学校となっていて、重度重複障害児が通学している。毎日の時間割の中にスヌーズレンを活用し、週一回はジャグジーで入浴を楽しんでいる。重度重複障害児をもつ家族は、一般の子どもができるような余暇活動を自分の子どもにさせてあげることができない。一般の子どもたちは、サッカー、テニス、バスケット、ダンス、ピアノなどと地域のクラブ活動に参加して楽しんでいるのだが、重度重複障害児にはそれができないのだ。そのため、ここバルデスヒュースは夕方も週末もオープンにしており、彼らが心ゆくまで楽しめるスヌーズレンを余暇活動として利用してもらっている。

特別教育教員のグニッラ・ヤンソン（Gunilla Jansson）とマリアン・メルベリィ（Marianne Mellberg）とがこのバルデスヒュースを一九九二年に発足し、私が視察に行った際にも案内してくれた。木造の家はかつてノルテリエ市の職業訓練所で、木工所、裁縫所のほかに結婚式や誕生パーティのときに利用された大きなホールがあった。ここを改築してスヌーズレンをつくろうというそのアイデアを学校の校長に紹介したとき、校長は即座に理解を示してくれて、彼らの思い通りにスヌーズレンをつくり始めることができた。その際、校長自身が教育委員会との交渉役を務めてくれて、すべての責任をとるとまで言ってくれたという。

予算が少ないので、手の器用な周囲の職人の助けを借りたり、壁には芸術家たちがボランティアで飾りとなる絵を描いてくれたりオブジェをつくってくれたりした。スヌーズレンがつくられていくプロセスは、でき上がったスヌーズレンの価値よりも大きかったのではないかという。なぜなら、障害児やその家族までが参加して、みんなが一丸となって協力してつくったという達成感があったし、つくっている間も、障害児自身が新しいことを次から次へと体験したことによって、それまで受動的であった姿勢から一歩進んで一緒に学ぼうという姿勢に変化していったからだ。

バルデスヒュース特別訓練学校

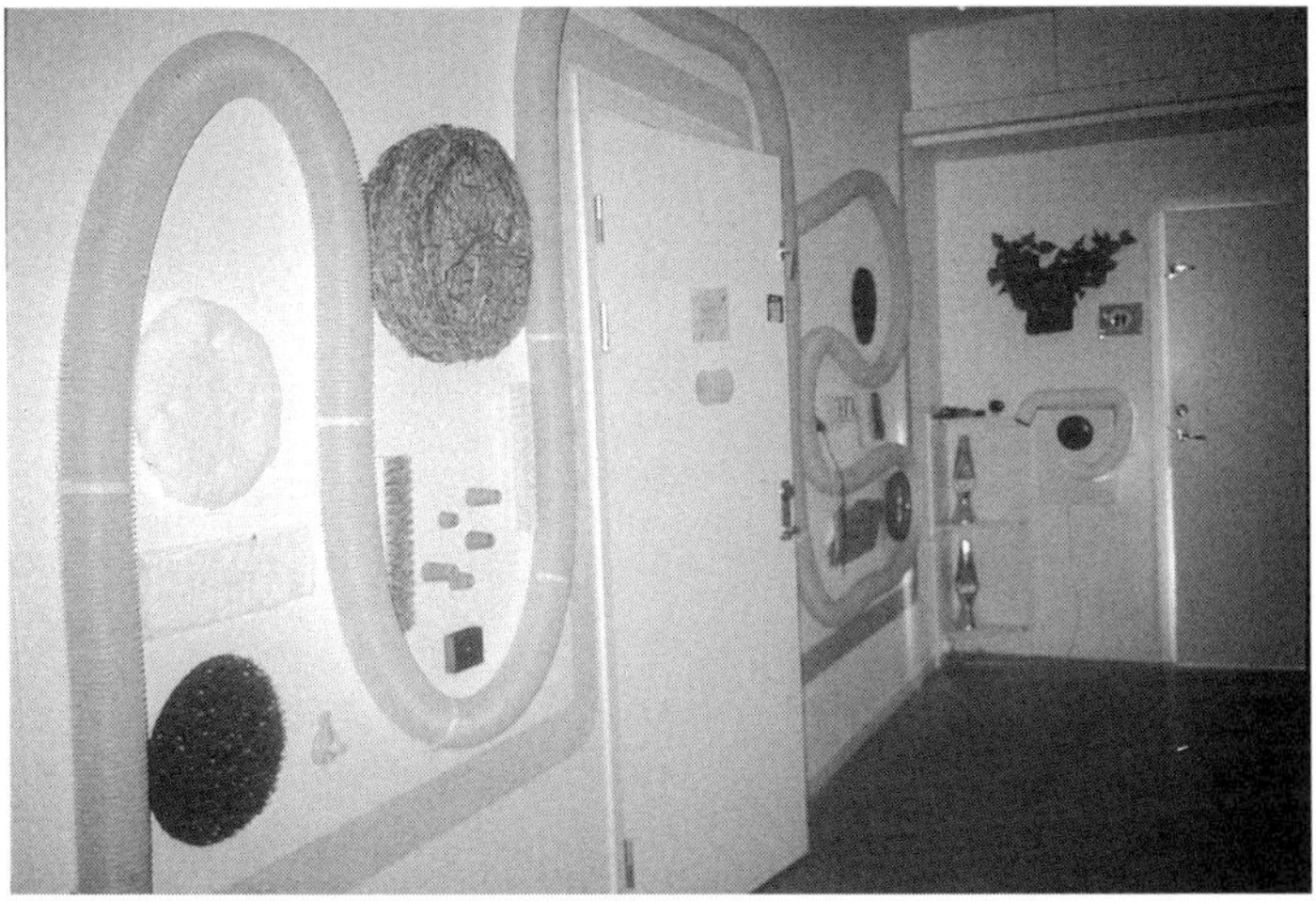

飾り付けられた壁

ホワイトルームではウォーターベッドが温もりを提供し、すぐ横ではバブルユニットの泡の音が安らぎを与えている。壁を覆っている鏡には自分の姿が映る。そして、さまざまなライティング効果が演出されている。ここでは、これらの効果が一つずつ得られるようにすべてのスイッチが独立している。部屋に入って、スイッチを順番に押していくことによって変化する部屋の様子に障害児の期待も高まっていく。何気なくしている日常の動作であるが、一つ一つの行為に意味があるということに気づく瞬間だ。

バスルームには、広くて大きなジャグジーバスがある。数人が一緒に入っても充分に余裕があり、みんなが交代で利用している。白いタイル張りとなっている部屋には観葉植物が置かれてあり、部屋全体は暖かくなっている。また、水が肌を滑る感触はマッサージにも似ており、障害児のお気に入りの部屋となっている。そのほかにもボールプールの部屋、マッサージの部屋、音楽の部屋などがある。

ちなみに、スヌーズレン以外のすべての部屋は、スウェーデン風にシンプルかつ素朴な素材を利用してつくられている。ハンドメイドの作品が至る所にある。機織で織られたマットやテーブル掛け、石に穴が開いているだけのローソク立て、木工で残った木切れを組み立てたオブジェなど、どれを見てもほのぼのと心温まるものばかりだ。

バルデスヒュースがオープンしてからというもの、たくさんの視察希望者が全国から集まってきている。先に紹介したイギリスのジョー・キューイン氏とロジャー・ハッチンソン氏も、ここに招待された。イギリスでは、一九九二年にスヌーズレンが新しい医療兼教育メソードであると表彰され、社会的にも認知された。彼らはこのバルデスヒュースを見て、スヌーズレンのコンセプトが学校教育の一環として実際に実施されたことを確認して非常に喜んで、次のような賛辞を送った。

「ここに来る障害児が、毎日、それぞれ一人ひとりのレベルでスヌーズレンを体感し感覚を磨いていくことができる。ここでこそ、生の教育が実証されていると言える」

このようなバルデスヒュースが、今ではスウェーデン全土に広がっているのだ。

ソールシア（Solsia）デイケアセンター――ブレッケ（Bräcke）

ソールシアデイセンターも一九九二年に設立されている。それまで「ケアホーム」と呼ばれていたホームを市の方針で取りやめて、ノーマライゼーションが示唆する社会的統合のためにコミューンが運営責任をとる形でデイケアセンターとなった。ここでは、平均年齢六〇歳という高齢の重度重複障害者一五人を受け入れている。

ここで働くスタッフたちは、どのようにしたら彼ら一人ひとりにあったレベルのケアができるのかと模索して頭を悩ましているときにスヌーズレンの存在を知った。そして、八〇平方メートルという広い部屋を、どのようにしたら有効に利用できるかと全員で相談した。その結果、広い部屋をカーテンや移動型の屏風で仕切って、いくつかの違った活動ができるステーションをつくった。もちろん、それぞれのステーションでスヌーズレンが堪能できるようにしてある。

部屋の中の色は青系統の色で統一され、ボールプール、ハンモック、トランポリン、ウォータ ーベッド、等身大の鏡、ブランコ、小屋などを至る所に配置した。何の交流もなかった高齢の男性たちがこのスヌーズレンで知り合うことになり、それ以後、楽しい交流の場となった。個室のスヌーズレンでは得ることのできない交流が始まったといえる。その後、隣にある部屋もホワイトルームとして設置することができた。またそこは、マッサージルームとしても利用されている。

現在では、先にも記述したＦＵＢという知的障害者協会と協力しあって、特別学校の生徒も定期的に訪問するようになった。スヌーズレンのほかにも喫茶店を開店し、そこでは成人の知的障害者が働いている。一般への公開も年に数回行われており、地域との交流にも力を入れている。

第5章

スヌーズレンをつくる
—Q＆Aと問題点—

自然のものを利用する

スヌーズレンの基本形式

さてそれでは、ここまで紹介してきたスヌーズレンにもとづいて、改めてその基本形式となるものを確認していきたい。そして、実際のスヌーズレンづくりに役立てていただければ幸いである。

これがないとスヌーズレンではないという必須アイテムは別にないが、ミラーボールやサイドグロウなどは常備すべきものと考えられている。幻想的な世界をかもし出すアイテムとして、いろいろなセンターで必ず利用されている。第2章の「基本的なスヌーズレン」(三二ページ)のところでも書いたが、これまでに紹介した各地のスヌーズレンでもさまざまな物がいろいろな形で利用されていることを述べたので、それらを参照してほしい。

予算が足らないからと愚痴を言わず、対象者の利用目的を考えて身近にあるものから工夫してつくってもらいたい。予算に余裕があるところは、そっくりそのままでき上がりのものを買ってきてもよいし、予算のないところはそれに似た物、あるいはお手製の品などで工夫してみるのもいいだろう。

次に、スウェーデンのスヌーズレンで行っている身近な物を利用したアイデアや工夫をほんの少しだが紹介する。

●白と黒の布やビニールテープで濃淡のあるオモチャをつくる。あるいは、パンダのぬいぐるみやオモチャを買ってもよい。
●洗濯用ハンガーに、濃淡のはっきりしたオモチャをぶら下げる。また、音が出たり動くオモチャをぶら下げる。
●マットに手触りの違う布を縫い合わせてキルティングのようにして、そこに音が出るオモチャなどを取り付ける。飽きたらオモチャの交換ができるようにマジックテープでつけてもよい。
●拾ってきた小枝や流木を組み合せたりしてモビールにすると、シンプルで面白い。砂浜などで見つけた木や枝に、薬局や健康用品で売られているヘチマブラシやタオルやマッサージ用具などの製品をつける。手触りの面白いタワシや籠などの台所用品をつけても面白い効果が出る。
●ダンボール箱などで筒状の四角い箱をつくり、その中に感覚を刺激できるオモチャをぶら下げる。子どもがその下へ寝転んで手を動かせば、それに触れることができるようにする。
●フラフープに色違いのビニールテープをくくりつけて、吹き流しのようにたらす。
●ペットボトルに色水を入れ、ビーズや金や銀粉を入れる。
●ペットボトルにラベンダーやローズ、あるいは各種のハーブを別々に入れて香りを楽しむ。
●口の広い空き瓶に小豆、パスタ、砂などを入れて、手で感触を味わう。
●クモやタコのぬいぐるみをつくり、それぞれの足に触ると音が出るものを入れたり、感触の違うものを入れる。

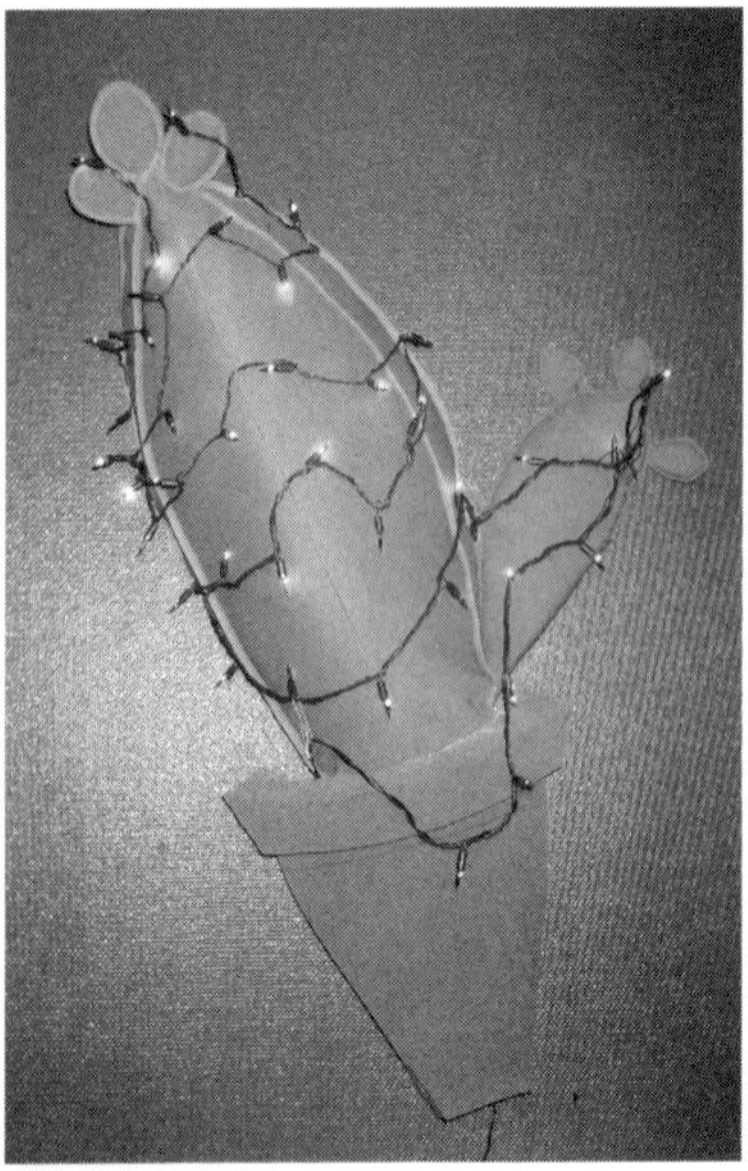

フェルトでつくったサボテンに
小さな電球をつける

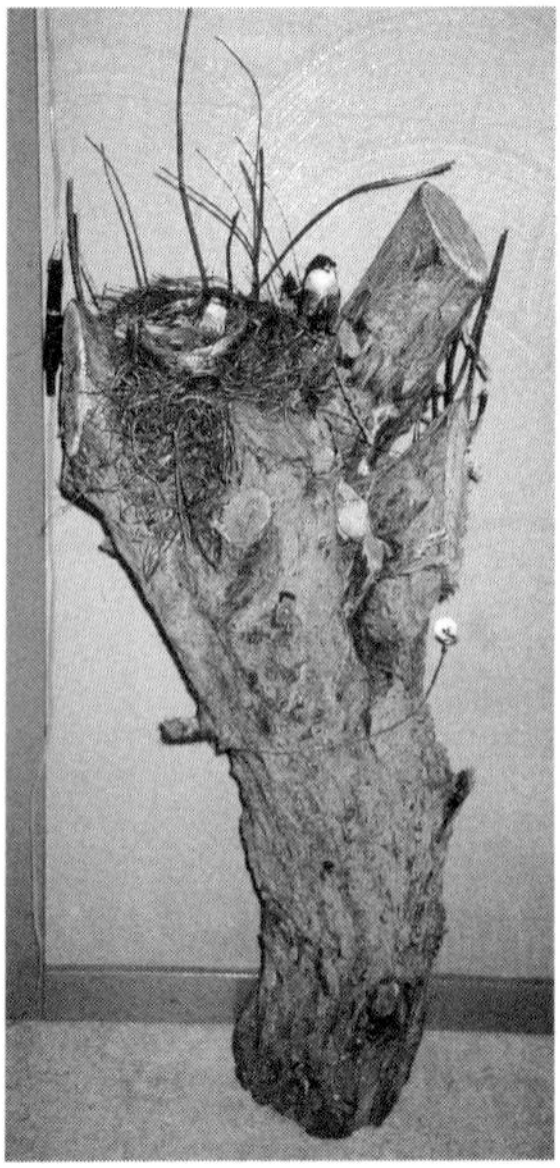

自然のものを利用

キルティングの
ようなマット

クモかタコなどの足に
いろいろな物を入れたり、つけたりする

白黒の布でオモチャをつくる

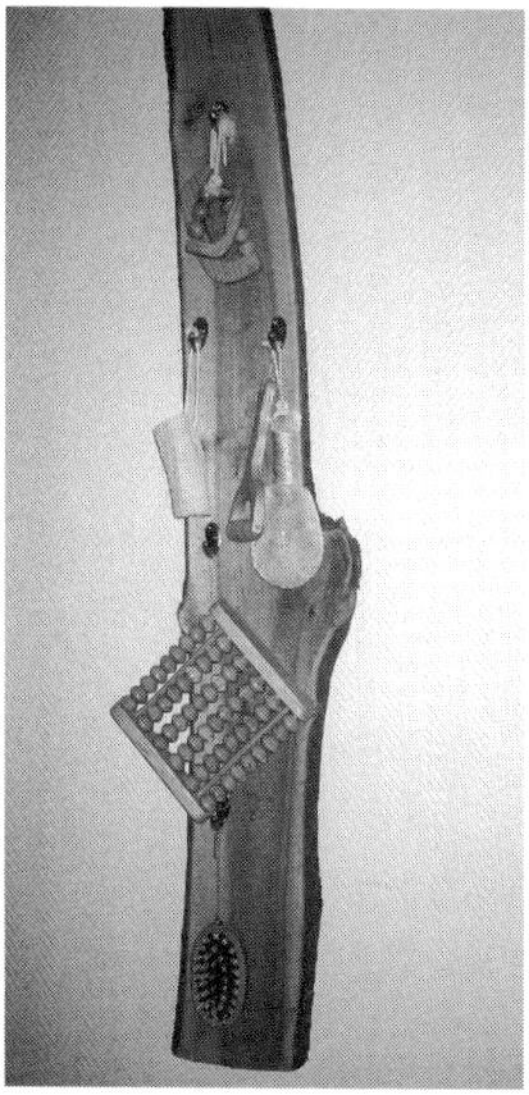

流木の板に海綿やへちまなど健康用品をつける

●壁掛けなどにクリスマスツリー用の金銀の飾りを取り付けたり、ストローを束ねた飾りなどをつくる。
●壁板にフェルトをつけてマジックテープでオモチャをぶら下げると好きなときにオモチャを交換することができるし、子どもが触れてもすぐには床へ落ちない。
●小さな扇風機で、天井からぶら下げたビニールテープや紐が揺れるようにする。
●壁飾りにサボテンや工夫したものをつくり、それにクリスマスツリー用の小さなランプを取り付ける。
●銀色の布やラメ入りの布で大小いろいろな形のクッションをつくって、その中に荷物を固定させるための梱包材、エアーキャップとかハッポースチールの小さな玉などを詰めて、音が出るようにする。

◎私が考える日本的なスヌーズレン

日本には古来から、「わび」や「さび」に代表されるように、静かに落ち着いた雰囲気をよしとする文化がある。これまで、これは欧米では理解されないものとされてきた。しかし、現在では、欧米でもこの感覚をスヌーズレンに取り入れようとしている。また、歴史を振り返ってみれば、スヌーズレンの理念はもともと日本にあったのではないかとさえ思える。芭蕉の俳諧などの世界、華道、茶道、香道や、禅寺などに見られる石庭などを感覚的に受け入れて、それぞれ自分にあった方法で日本人は堪能してきた。このように、受け入れる感覚を非常に重視してきた日本文化には、根本的にスヌーズレンに通じるものがあるように思える。ただ一つ違うのは、日本のこれらの道に見える「静の世界」だけでなく「動の世界」がスヌーズレンの場合には取り入れられているということだ。周りのものに触れ、自らが積極的に動いて体感できる、また、一部の人だけが利用できるといった特別なものではなく、必要とする誰でもが気楽に体験できる場所がスヌーズレンである。

こんなふうに日本の文化を考えながらスウェーデンのスヌーズレンを訪れると、自然のものを上手にインテリアに取り入れているスウェーデン人の心が見えてくる。森に生えている苔、砂、石、水などを広い器に入れて、その中に貝殻やキャンドルを飾ったり、流木や枯れ木にほかの小枝などを絡ませたりと、華道にも通じるものが見えてくる。簡単に古着の布を紐にして組み合わせたリサイクルものや、機織りでていねいに織った壁掛けなど、素朴な味わいのものがさりげなく飾ってある。そんなものを見かけると、そこを訪れる私もつい嬉しくなってしまう。ここに、着物の反物の壁掛けがあってもおかしくないな、風鈴の音色も似合いそうだなと、ついあれこれ想像してしまう。

スヌーズレンという世界には国境はなく、世界中の誰もが自分の国や文化にあったスヌーズレンをつくりたくなる気持ちが芽生えそうだ。

日本のものを利用した和風スヌーズレン

表３　スヌーズレンに利用できる日本的なもの

音響効果 ●ししおどし――水滴、流水の流れ、竹、カーンと鳴る心地よい音 ●風鈴――音色のよい風鈴は音響効果には最適、ガラスの風鈴、竹の風鈴、陶芸の風鈴、メタリックな風鈴（すでにヨーロッパではこれらが利用されている） ●鈴虫、セミの鳴き声、 **ライティング効果** ●走馬灯――光りと影絵の演出 ●万華鏡――移り変わる色とりどりの色彩と形 ●ちょうちん――ヨーロッパでは色・形とも違う形でインテリアライトとして利用されている。 ●蛍 **視覚** ●凧――人間が一人飛べるくらいの大きな凧や小さな豆凧 **オモチャ** ●けん玉、お手玉、だるま転がし、羽板	**香り** ●お茶の香り ●お香 ●ゆず、しょうぶ ●生姜、梅干、紫蘇 **味覚** ●生姜、梅干、紫蘇 ●ハッサク、味噌 ●あんこ、きな粉 ●抹茶、ほうじ茶、昆布茶 **触覚** ●湯たんぽ――温かさや冷たさ ●水枕、氷嚢 ●ホッカイロ、コタツ ●軽石、へちま、海綿 **楽器** ●大正琴、琴、三味線、鼓, ●和太鼓、寺の鐘、木魚、カスタネット、鐘、ちんどん屋の人が使う道具 **部屋のインテリア** ●畳、イグサ、シュロの葉、ムシロ ●藤家具 ●麻縄、竹、石、岩、座布団 ●石臼、木臼（餅つき用）

さて、それでは日本風のスヌーズレンを具体的に考えていきたい（一七二ページのイラスト参照）。いくら「わび」、「さび」の心があるからといって、茶室をスヌーズレンとするわけにはいかない。もっと幻想的で、好奇心や探究心を誘う演出が必要となる。日本の文化の中にもそのための材料がゴロゴロと転がっている。これまでにも、日本から来る実習生や視察団の人にも紹介した日本的なものをジャンル別に紹介したので参考にしてほしい（**表3参照**）。もちろん、これら以外にもたくさんあると思うので、あとは利用する人の工夫しだいでさまざまなスヌーズレンをつくっていただきたい。

Q&A

これまで、スヌーズレンについてその歴史的背景から始まって現在導入されている施設の紹介までを詳しく述べてきたが、それらをまとめる意味においても、一般の人からよく受ける質問を取り上げて、Q&Aという形式において改めて答えていくことにしたい。ただ、それがゆえに簡略化した表記になることをお許しいただきたい。詳しくは「もくじ」を参照していただきながら本文を再度読んでいただき、より理解を深めていただければ幸いである。

Q：スヌーズレンという言葉の意味は？

A：オランダ語で匂いを嗅ぐという「スヌフェレン」と、ウトウトとする惰眠状態の「ドーセレン」をミックスにした造語。

Q：スヌーズレンはどこから始まったのか？

A：発祥地はオランダで、一九七〇年代後半に、知的障害者が自らの意志でさまざまな刺激を体感していくことを目的としてセッティングされた。スヌーズレンという形になったのは一九八〇年の後半で、以後、世界各地に広がっている。

Q：スヌーズレンとは何か？

A：人間がもつ基本的な全感覚（視覚、聴覚、嗅覚、味覚、触覚、運動感覚など）を適度に刺激したりリラックスさせて、感覚の成長を促進させる環境設定の部屋。利用者が自分にあう適切な刺激を無意識のうちに、あるいは自主的に選択して取り入れ、自分のリズムで体感して学習していく場所。

Q：誰が利用できるのか？

A：利用する対象者はすべての人。知的障害者、身体障害者、重度重複障害者、盲人、聾唖者、慢性の痛感者、癌患者、精神障害者、痴呆老人、ストレスのある人など誰もが対象となる。

Q：なぜ利用するのか？

A：先天的、後天的に感覚機能障害をもつ人たちが、周りの感覚情報を受け入れやすく補足して学習しやすくするため。あるいは、単にリラックスするため。どんな人にも楽しむ権利があり、まったく動けない重度重複障害者が部屋の片隅に忘れられてしまえば、その人の先天的感覚は退化してしまうことになる。また、痴呆老人になれば感覚機能がいやが上にも低下してしまう。特別に環境を設定された部屋に入ることによって、たとえ瞬間的であったとしても楽しく学ぶことができ、感覚を覚醒することができる。

Q：利用時間は？

A：時間を気にすることなく利用できればそれに越したことはないが、一般的には一時間くらいを目安にしている。毎日利用しているところもあれば、週に一回一時間と決めて利用しているところもある。これといった決まりがあるわけではなく、利用者によって決める。

Q：利用人数は？

A：ほとんどの場合、利用者とセラピストやアシスタントというマンツーマンの場合が多いが、数人のグループで利用したり友達や家族で利用することもできる。痴呆老人や精神科では、数人の患者に一人か二人のセラピストがついて利用しているし、目的によって人数も異なる。ただ、たくさんの人が一度に利用するときは相互にある表情を見逃しやすいし、それぞれの利用者のレベルにあわせるのが困難となる。

Q：スヌーズレンの大きさは？

A：小さなスヌーズレンから大きなスヌーズレンセンターまでさまざま。自分たちの可能な範囲でスヌーズレンをつくればよい。重度重複障害児が横たわる毛布に、工夫を凝らしたオモチャを取り付けて音を出したり、手触りの違う布を縫い付けたりするのも一つのスヌーズレン。ベッドの上だけ、部屋のコーナーだけ、一つの部屋だけ、バスルームだけでも充分スヌーズレンはつくれる。

Q：スヌーズレンはどのようにつくるのか？

A：スヌーズレンをつくると決めたら、まず誰のためにつくるのか、何を目的として利用するのか、どのように利用するかなどを決めてからつくってほしい。何度も言うが、お金をかければよいということではない。そして、基本となる理念は、人間がもつ基本的な感覚を磨く環境のセッティングであるということ。

Q：スヌーズレンが与える利用者への効果は？

A：スウェーデンで利用者にアンケートをとったところ、静かでリラックスできる、気持ちがよい、落ち着く、やわらかな光が心の中まで浸透していくようだ、面白い、楽しい、心が洗われる、ストレスが解消される、などという答えが多かった。また、生理的症状を見ると、リラックスすることによって身体緊張が緩和される、自傷行為が減少する、積極性が出る、集中力が増す、バランス感覚が身に着く、笑顔が増えるなどである。科学的に立証するのは難しいが、これが利用者本人の言葉であり、セラピストたちの客観的な意見でもある。重度障害者であっても、セラピストとともに小さな変化、達成感、満足感を味わえるのだ。また、同じ空間を共有することによって、利用者とセラ

部屋のコーナーを利用したスヌーズレン

ピストとの信頼関係が深まる。

Q：スヌーズレンは療法か？

A：療法であると断言はできないが、スヌーズレンで過す時間が与える効果は客観的にも立証され始め、療法的な役割を果しているといえる。利用者の成長発達を促進させ、リラックスすることで身体的硬直を予防して精神的にも余裕を与えている。コミュニケーションも増し、あらゆる角度から無意識のうちに感覚統合が誘発されるので療法的価値はある。ゆえに、すでに受けている治療や訓練と並行して行う補助的療法だと言ってもよいのではないだろうか。療法と断定すればすぐにその結果を求めやすくなるが、スヌーズレンはあくまでも結果を望まないプロセス自体を大切にするところであるということを認識しておかなければならない。

Q：スヌーズレンはどのようなところにあるのか？

A：世界中に広がっている。病院、デイセンター、デイケアアセンター、リハビリセンター、グループホーム、自宅、療育園、養護学校、保育園、小学校など、至る所で活用されている。

Q：スヌーズレンで感覚を統合するとは？

A：次のたとえ話でご理解いただけるだろうか。いろいろな感覚をもつ車があるとする。触覚の車、方向感覚の車、形態感覚の車、認知感覚の車、聴覚の車、視覚の車、体感の車、運動感覚の車など、そのほかたくさんの車が大脳の中を走り回っている。これらの車がスムーズに走っている場合はなんら問題は生じないのだが、事故で車同士が衝突したり、また工事が始まったりすると道路が渋滞してくる。そうなると、わずかな車しか通れなくなる。そのままにしておくと渋滞は解消されず、目的地に到着できない車が出てくる。ここで、医療というレッカー車を出動させて事故処理にあたり、スヌーズレンという手旗信号で交通整理行う。破損された車は修理に出せるし、認知感覚の車はこちらの道を、皮膚感覚の車はこちらをとグループ分けをしたり、通過できる抜け道を知らせることでスムーズな流れを取り戻すことができ、遅れてでも目的地へ着くことができる。このように、外部から環境をセッティングして適度の刺激を与えることで感覚を統合し、大脳の働きを少しでもスムーズにしようと試みることである。

Q：スヌーズレンの利用評価をするには？

A：各地のスヌーズレンではアンケートをとっている。たとえば、五段階評価に分けてもらって（最良、良、どちらでもない、悪い、最悪）質問に答えてもらっている。質問の内容は、利用時間、施設内容、満足度、スヌーズレンのコンセプト、職員の対応の仕方、期待に沿えたかどうか、利用後の状態、効果は見られたか、もう一度利用したいかどうかなど、利用者本人に直接か介護者にアンケートをする。

Q：スヌーズレンの基本的理念を簡単に言えば？

A：●人間がもつ基本的な全感覚を適度に刺激する。
●利用者の興味や意欲を誘発し、活性化する空間。
●環境の中で指導されるのではなく利用者中心。
●利用者のレベルとペースに常に合わせる。
●指導者と同じ時間と空間を共有できる空間。
●相互のコミュニケーションが促進される空間。
●リラックスできて楽しめる空間。

Q：基本的理念の実践方法は？

A：●まず、利用者が中心で利用者自身の部屋およびものであるということ。
●利用者が、自分で興味の対象物を選定する（外部から強制しない）。
●利用者が、刺激を消化しきれる時間やテンポを自分で決める（せかさない）。
●利用者にとって必要な空間、利用者だけの自我の世界を充分に与えてあげる。
●セラピストは利用者のレベル、世界へと入ってともにスヌーズレンを体感し、ともに時間と空間を共有し、信頼関係を築く。
●セラピストは利用者の身体的表現を見逃さないで、コミュニケーションの糸口にしていく。

●すべての感覚をリラックスさせるか研磨するセッティングが望ましい。
●セッティングは、大きさはどうであれ興味を誘発しそうな対象物を豊富に揃え、安全でかつ楽しい経験ができるように考慮する。

Q：セラピストにとってスヌーズレンは？
A：●いつでも利用できるし、利用しやすい。
●非指導介助だからたくさん準備する必要がなく、時間的な余裕ができる。
●行動の観察や信頼感を深めることに専念ができる。
●ともに楽しめリラックスできるし、利用者の意欲や好奇心を引き出しやすい。
●従来の訓練と併行すれば最大の効果が得られる。
●利用対象者に最適のスヌーズレンをつくり出すために、その企画責任をもたなければならない。
●安全性を確認することを怠らない。

◎問題点

ここまで、スヌーズレンの利点ばかりを述べてきたが、やはり問題点も正直言ってある。そこで今度は、これまで私が感じた問題点を挙げていくことにしたい。それによって、今後、日本でスヌーズレンをつくる際により役立てばと願う。先にも述べたように、スヌーズレンとしての形になってからまだ二〇年弱である。これから、まだまだ意識の改革や器具の改良が必要となる。自己反省も含めて、次のことを記述した。とはいえ、スウェーデンにおける話であることをご了承いただきたい。日本では、スヌーズレン機器の性能にしても、その販売会社にしても、サービスマインドに少し欠けるスウェーデンより丁寧で親切だろう思う。

——高額な機器

スヌーズレンに必要な機器は非常に値段が高い。バブルユニット一つにしても、ウォーターベッドにしても、あれば利用者にとっては最高のものなのだが、いかんせん値段が高すぎる。それがゆえに、幻想的な部屋をつくろうとすればするほど多大なコストが必要となる。予算に余裕があるところばかりであれば問題ないが、実際にはそうでないところのほうが圧倒的に多い。しかし、これまでにも何度も述べたように、スヌーズレンのコンセプトをわきまえてさえいれば、コストのかからないスヌーズレンをつくることができる。要は、アイデアと感性である。

購入するにしても、その前に自分でつくることができないかとか、ごく一般の店にあるもので代用することはできないかなどを調べるようにしよう。きっと、ディスカウント店とかで得をすることもあろう。しかし、安全性に関しては十分な配慮が必要であるから、その点だけは充分に気をつけるべきである。

余談だが、私はよくオモチャ屋さんやデパートを見て歩く。作業療法が仕事のため、商品を見ていても、日常生活において使用しやすいように工夫されたものに目が留まる。部品の角度や手触り、握りやすいかどうか、力の配分はどうか、服の色で左右が分かりやすいか、裏表が分かりやすいかなど、職業病のごとくつい分析している自分に笑ってしまう。

また、ペットショップでいろいろなネコのオモチャ（ボール各種）などを買ってくる。これはネコが遊びやすいようにいろいろな工夫がされているのだが、これが意外と手の機能訓練や感覚の覚醒訓練に利用しやすい。たとえば、握力のない障害児が、面白い形の軽いボールを持ち上げて器に入れる遊び（訓練）などに最適なのだ。

私が勤めるハビリテーリングセンターでは、日本円で一万円くらいのものならばスタッフの判断で買ってよいことになっている。普段からちょっと気をつけて見ているだけで、スヌーズレンで利用できるものを発見することができる。それによってコストを削減することができるわけだから、ウィンドーショッピングもさらに楽しくなるし重要となる。

――機器の販売会社からのフォローがない

たくさんの高価な機器を買っても、それが壊れたときのアフターサービスが悪い。ある程度の保証期間はあるが、得てしてそれが過ぎてから壊れることが多い。運搬中にすでに破損していて、到着後すぐに返品をして後日新しい機器が来るのを待つというケース、あるいは、付属品が足らなくて連絡したが返事がないなど、とにかく思い立ってオーダーしてから実物が設置されるまでに手間と時間かかりすぎる。設置したらしたで、ウォーターベッドの水が漏れ出して慌てたこともある。このときは幸いなことに修理をしてくれたのだが、直るまで数日間はスヌーズレンが利用できなかった。先にも述べたように、日本ではアフターサービスが行き届いているとは思うが、そのことを確認しておくことに越したことはない。

――利用者をスヌーズレンの中に放置している

スヌーズレンをつくった、さあ利用しようという段階で、コンセプトをわきまえず、利用者をスヌズ―レンの中に放置しているだけのところを残念ながらたびたび見かける。スタッフが忙しくて、利用者とともにスヌーズレンを楽しむことができないのがその理由のようだ。子守りのためだけの場所ならば、たとえ環境がセッティングされていても「スヌーズレン」とは呼ばないほうがいい。スヌーズレンはあくまでもリラックスと感覚を刺激するという行為が合体したもので、利用者とそのアシスタント、家族、セラピストとのコミュニケーションをもっとも重要視しているわけだから、利用者の様子を、そこで生じる小さな発見を見逃さないようにしなければならない。

場所もなく、どうしてもお昼寝の場所と兼用しなければならない場合は、その区別がつくように明確なシグナルを与えて欲しい。たとえば、お昼寝の時間は、前もって決めておいたいくつかの照明を消して部屋を暗くする、あるいはお昼寝のときの音楽とスヌーズレンのときの音楽を別のものにするなどの配慮がほしい。いずれにしろ、長い時間にわたって利用者を放置するということだけはやめてほしい。

――欲張りのスヌーズレン

これまでグループホーム、特別学校、デイケアセンターなどで各種のスヌーズレンを紹介してきた。しかし、これもつくり手がよくはまってしまう罠なのだが、スヌーズレンに利用できる機器のカタログを見ていると、ついあれもこれも欲しくなる。リラックスを主体にしたはずのホワイトルームが、気がつくと刺激の多い機器で埋まっていたりしてしまう。パンフレットなどに迷わされて衝動買いをするのではなく、常に利用者にとって一番必要なものは何か、なぜ必要なのかなどを考えるべきである。部屋全体をデザインする能力、これを養うのも重要なことだ。

――利用されないスヌーズレン

せっかく立派なスヌーズレンをつくっておきながら、利用されないケースもある。痴呆高齢者のためにつくられたスヌーズレンを見てきたのだが、ほとんど利用されないままの空き室になっている。せっかくの素晴らしい機器が、埃をかぶったままで放置されている。なぜ利用されないのかと理由を尋ねてみると、日課となっている仕事に追われて利用者をスヌーズレンに連れていく時間がないというのだ。スヌーズレンの部屋は病棟の一角にあり、それぞれの部屋から一〇メートルと離れていない。いくらスウェーデン人にとって午前と午後のコーヒーブレイクが必須なものであったとしても、痴呆老人と一緒に過すわずかな時間がないというのではあまりにも情けない。マンツーマンが無理であれば、数人の老人と一人のスタッフとともにスヌーズレンに入ってひと時を過せばいいのではなかろうか。それを日課の一つとして織り込めば、何なく利用できると思う。

――機器の操作が難しい

スヌーズレンの導入を敬遠している人もいる。その理由の一つに機器の利用方法が分からないということがある。いつも特定の人が利用するのではなくたくさんの利用者に活用してもらいたいのだが、すべての人のレベルに機器を適応させるのは確かに難しい。スタッフやアシスタントに機器の扱い方を何度教えても覚えてくれないし、その揚げ句に、スヌーズレンといえば面倒な機械や装置があるという先入観にとらわれてしまい、余計に敬遠されてしまうことになる。こうなると、新人が入ってきても説明する人がいないため、ますますスヌーズレンから足が遠のくことになる。ここで大切なのは、設置している機器を、手元のスイッチ一つですべてが動くようにするとかの工夫を専門家と相談して事前に設置しておくということである。また、リモートコントロールを利用する場合には、前もって、あるいは定期的に説明会を開くということも必要かもしれない。

――コンセプトから離れた娯楽室

スヌーズレンを視察したり聞いたりして、娯楽室として利用したいという人もいる。ストックホルムにある「エクスペリメンタリア」(Experimentalia)という実験センターからは、私が受けたイギリスでの講習会にスタッフが派遣されていた。その後のことを聞くと、スヌーズレンを活用しているという。それも、感覚を刺激する器具をふんだんに取り入れてあるというのだ。しかし、スヌーズレンのコンセプトはここにはなく、あくまでも一般市民の娯楽用として利用されているということだった。そのほかにも、病院や保健センターの待合室などにスヌーズレンに似た機器が置かれているところもある。利用する目的や対象者を変えることによってスヌーズレンとはいえなくても娯楽室としては成り立っているのだからそれはそれでいいと思う。しかし、「さすがにこれは……」と思ったことがある。日本のテレビドラマを見ていたときにあるラブホテルの一室が映った。その部屋が何と、スヌーズレンで使う機器で埋まっていた。確かに、スヌーズレンのように感覚を刺激するものには違いないが、コンセプトから外れるにも限度がある。つくるほうもさることながら、機器を売るほうももう少し考えてほしいところだ。

――セラピストやアシスタントがコンセプトをわきまえていない

スヌーズレンを複数で利用する場合、一緒について来ているアシスタント同士が利用者を無視し、利用者の頭上を越えてお喋りをしている光景をよく見かける。これでは、スヌーズレンを利用している意味がない。一緒の部屋にいても、同じ雰囲気を共有していることにはならない。何度も言うが、アシスタントは利用者の小さな表情の変化を観察して理解し、それによってコミュニケーションに役立てるように努力しなければならない。そしてその時間は、信頼関係を築きながらともに楽しむ機会でもあるのだ。

ひどい場合には、スヌーズレンを更衣室代わりに利用する人もいれば、間食をここでとる人もいる。味覚を刺激していると言うかもしれないが、食事をするためだけにスヌーズレンを利用するというのは考えものである。機器やオモチャを元通りに片付けるということもふまえて、最低限のエチケットは守ってもらいたい。

――部屋がないからスヌーズレンをつくらない

別に部屋が必要なわけではない。スヌーズレンのコンセプト、すなわち感覚をすべ統合させる環境を提供してあげるということを考えれば、たった一枚の布、たった一つの鈴で刺激ある環境ができ上がる。手製のスヌーズレンのページを参考にして、あなたも自分で小さなスヌーズレンのコーナーをつくってみてはいかがだろうか。

――ほかの専門職の人に理解されない

スヌーズレンは、自分で体験するとよく分かるのだが、非常に説明が難しい。利用していて手応えはあるし、確かに効果もあるのだが、それは主観的なものであって学術的に実証されているわけではない。これが、ほかのジャンルの人に理解されない原因となっている。感覚的に分かるものを言葉で表現するということは難しい。懇切丁寧に、何度も時間をかけて説明する以外に方法はない。あるいは関係著書をすすめるとか、スヌーズレンの講習会があればそれへの参加をすすめてみるのもよいのではないだろうか。

――プロ意識をもつ

スヌーズレンの部屋はとかく密室が多く、感覚が適度に刺激されることも手伝って利用者もセラピストも気分が高揚し、一歩間違えば性的な欲情も誘発される場合もあるが、ここはプロ意識をもって臨んでほしい。こういう危険性も多分にあるということをふまえて、より良いスヌーズレンをつくって、より素晴らしい利用法を見いだしていってほしい。

あとがき

これまで紹介してきたスウェーデンのスヌーズレンの実例からも分かるように、利用する場所や対象となる利用者によってその目的は著しく異なるが、コンセプトさえわきまえていれば、誰にとっても身近で素晴らしい活用ができる空間になるということを理解していただいたと思う。

重度重複障害をもつ子どものことを考えると、スヌーズレンほど最良の環境はないと思える。思いのまま動けない身体で、周りのものを見つめ、皮膚で感じ、振動を体感し、珍しい音を聞く。じっとしていても、周囲の変化が感じられるのだ。昔、テレビが家庭に初めて置かれたとき、それだけで革命だった。家庭にいながらにして、世界の出来事が手にとるように分かるようになったのだから。スヌーズレンを利用するということは、障害者にとっては、まるで自らの身体を丸ごとテレビの中に投じたような衝撃になるだろう。なぜなら、じっとしていても周りの刺激が堪能できるのだから。

バリアフリーが叫ばれている今日、障害にあわせた環境を設定すれば自立した生活が充分に営めるようになる。スヌーズレンは、そういう意味では感覚のバリアフリーだともいえる。秩序ある環境を設定することで感覚障害のある障害者が支障のない生活を営んで、リラックスした形で身の周りの変化に反応することができ、自分のペースでそれを受け入れて克服していけるのだ。情報過多になりがちな現在の社会の中で、私たちもふと立ち止まり、耳を澄ます必要があるのではないだろうか。

スヌーズレンをハビリテーリングセンターの地下につくってから、多くの人々が視察に訪れた。乳児、幼児および児童障害者を対象にしたハビリテーリングセンターでのスヌーズレンは、全国でマルメが最初であった。たった二つの部屋、しかも手づくりの物品が多い質素なスヌーズレンだ。でも、ポーランド、ノルウェー、デンマーク、ギリシャ、日本、そしてスウェーデン全土から数え切れないほど多くの人々が視察に訪れた。そして、何らかのインスピレーションを得てそれぞれの現場に帰り、そのコンセプトを伝えてくれたことと思う。この種がどこかの地で芽を出して実り、少しでも多くの人々に活用されることを願っている。

日本でも、すでにたくさんのスヌーズレンがつくられて利用されている。私もスウェーデンからだが、いろいろとアドバイスすることが多い。インターネットのおかげでその距離感を感じなくてすむ。またさらに、「日本スヌーズレン協会」（巻末参照）も発足されている。障害者、高齢者のための福祉が渇望されている日本で、スヌーズレンを紹介し伝えることができたことは光栄だし嬉しい。

本文でも述べたように、一九九八年九月、東京・大阪でスヌーズレンのセミナーがジョー・キユーイン氏を迎えて開かれ、それに私も加わった。スウェーデンのスヌーズレンをそこで少し紹介したのだが、あれもこれも話したい、紹介したいとあせる気持ちばかりで、決して充分なものではなかったように思う。今回、このように一冊の本として、時間をかけて、「今度こそ充分なものを」と欲張って紹介できる機会が設けられたことをとても嬉しく思っている。協力してくださった有限会社コス・インターナショナルの小菅秀泰さん、株式会社新評論の武市一幸さん、いつも心の支えとなっている母と姉家族、また友人知人の皆様へ、北欧のスウェーデンより御礼を申し上げる。

日本の障害者やその家族の皆様、そして各地でスヌーズレンの普及をめざしている方々、これからもお互いに頑張っていきましょう。

追記：これまで、帰国する度に日本各地を回ってスヌーズレンの講演やワークショップを開いて来た。正しい基本的理念も伝わり、多くの方々の共鳴を受け、利用者にも喜ばれている。訪問先ではスヌーズレンがその土地柄や特色を生かし多様な形で利用されており、嬉しく思っている。それぞれ利用者の目的に沿ったスヌーズレンの活用が今後も広まっていくことを強く願い、北欧から今後も応援し続けたいと思う。

二〇〇三年　三月

河本佳子

日本でスヌーズレンのインフォメーションを得られる所

日本スヌーズレン協会事務局（足利むつみ会内）
〒326-0006　栃木県足利市利保町49-4　TEL 0284-43-0414

きたざと学園
〒326-0006　栃木県足利市利保町49-4　TEL 0284-43-0414

島田療育センター
〒206-0036　多摩市中沢1-31-1　TEL 042-374-2071

東京都立東大和療育センター
〒207-0022　東京都東大和市桜ヶ丘3-44-10　TEL 042-567-0222

岐阜県立希望が丘学園
〒502-0854　岐阜県鷺山向井2563-57　TEL 058-233-7121

名張育成園
〒518-0615　三重県名張市中村2326　TEL 0595-65-0271

関西学研医療福祉学園
〒631-0805　奈良県奈良市右京1丁目1番5　TEL 0742-72-0600

ウッドムーンネットワーク
〒753-0061　山口県山口市朝倉町2-49　TEL 083-923-7880

●スヌーズレン機器の日本での購入先

有限会社コス・インターナショナル　代表　小菅　秀泰
〒105-0014　東京都港区芝3-24-1 駿河ビル1階
TEL 03-5443-5890　FAX 03-5443-5895
＊オランダのバリーエモンズ社やイギリスのスペースクラフト社の製品など

ピーエーエス
〒562-0031　大阪府箕面市小野原東1丁目3番21号
TEL 072-727-0521　FAX 072-727-0522

著者紹介

河本　佳子（こうもと・よしこ）
1950年、岡山市生まれ。
1970年、岡山県立短期大学保育科を卒業と同時にスウェーデンに移住。
1974年、ストックホルム教育大学幼児教育科卒業。以後、マルメで障害児教育に携わる。
1992年、ルンド大学医学部脳神経科作業療法学科卒業。その他、同大学でドラマ教育学、心理学の基本単位修得。
1999年、スコーネ地方自治体より25年間勤続功労賞を授与。
マルメ大学総合病院ハビリテーリングセンターで作業療法士として勤務後、2012年に帰国し、医療福祉コンサルタントとして日本で活動している。
著書：『スウェーデンの作業療法士』（新評論、2000年）
　　　『スウェーデンののびのび教育』（新評論、2002年）
　　　『スウェーデンの知的障害者』（新評論、2006年）
訳詩：『ヨタヨタくもさん』（Stegelands Forlag, 1981）。
共著：“*Surgery of the spastic hand in Cerebral Palsy*”
The journal of Hand Surgery British and European, 1998.

スウェーデンのスヌーズレン
――世界で活用されている障害者や高齢者のための環境設定法――

（検印廃止）

2003年5月31日　初版第1刷発行
2007年5月15日　初版第2刷発行
2012年4月20日　初版第3刷発行

著　者　河 本 佳 子
発行者　武 市 一 幸

発行所　株式会社　新 評 論

〒169-0051
東京都新宿区西早稲田3-16-28
http://www.shinhyoron.co.jp

電話　03(3202)7391
FAX　03(3202)5832
振替・00160-1-113487

印　刷　フォレスト
製　本　清水製本所
装　丁　山田英春
イラスト・写真　河本佳子
（但し書きのあるものは除く）

Printed in Japan
ISBN4-7948-0600-0